RECURSO BILINGÜE 3

# CONOCIENDO NUESTRA FE CATÓLICA

## CREENCIAS Y TRADICIONES

# KNOWING OUR CATHOLIC FAITH

## BELIEFS AND TRADITIONS

LOYOLA PRESS.
UN MINISTERIO JESUITA
A JESUIT MINISTRY

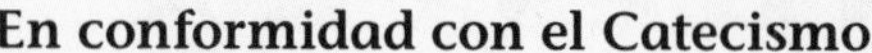

**En conformidad con el Catecismo**

**El Subcomité para el Catecismo de la Conferencia de Obispos Católicos de los Estados Unidos, consideró que el contenido doctrinal de este manual, copyright 2011, está en conformidad con el *Catecismo de la Iglesia Católica*.**

**Found to be in conformity**

**The Subcommittee on the Catechism, United States Conference of Catholic Bishops, has found the doctrinal content of this manual, copyright 2011, to be in conformity with the *Catechism of the Catholic Church*.**

**Conforme al canon 827 del Código de Derecho Canónico, Reverendo John F. Canary, Vicario General de la Arquidiócesis de Chicago, ha otorgado, en el día de la fecha 6 de enero del 2010, aprobación para la publicación. La aprobación para la publicación es una declaración oficial de la autoridad eclesiástica, la cual establece que el material en cuestión carece de errores morales o doctrinales. De lo establecido no se infiere que quienes han otorgado la aprobación están de acuerdo con el contenido, opiniones o expresiones vertidas en el trabajo ni asumen responsabilidad legal alguna relacionada con la publicación.**

**In accordance with c. 827, permission to publish is granted on January 6, 2010 by Very Reverend John F. Canary, Vicar General of the Archdiocese of Chicago. Permission to publish is an official declaration of ecclesiastical authority that the material is free from doctrinal and moral error. No legal responsibility is assumed by the grant of this permission.**



Ilustración de la portada/Cover art: Jill Arena

Diseño de portada/Cover design: Judine O'Shea, Loyola Press

Diseño interior/Interior design: Think Book Works

Traductor/Translator: Santiago Cortés-Sjöberg, Loyola Press

Consultores bilingües/Bilingual consultants: Miguel Arias, Luis Ramírez, Patricia Tapia, Loyola Press

Consultores del programa/Program consultants: Mary K. Yager; Sr. Kathryn Ann Connelly, SC; Most Rev. Sylvester D. Ryan, DD; Rev. Richard Walsh; Jacquelyne M. Witter

ISBN 13: 978-0-8294-2901-5
ISBN 10: 0-8294-2901-8



LOYOLAPRESS.
A JESUIT MINISTRY

3441 N. Ashland Avenue
Chicago, Illinois 60657
(800) 621-1008
www.loyolapress.com

Webcrafters, Inc. / Madison, WI, USA / 01-10 / 1st Printing

RECURSO BILINGÜE 3

# CONOCIENDO NUESTRA FE CATÓLICA

## CREENCIAS Y TRADICIONES

# KNOWING OUR CATHOLIC FAITH

## BELIEFS AND TRADITIONS

**Autora/Author**
Peg Bowman

**Editor bilingüe/Bilingual Editor**
Santiago Cortés-Sjöberg

LOYOLAPRESS.
UN MINISTERIO JESUITA
A JESUIT MINISTRY

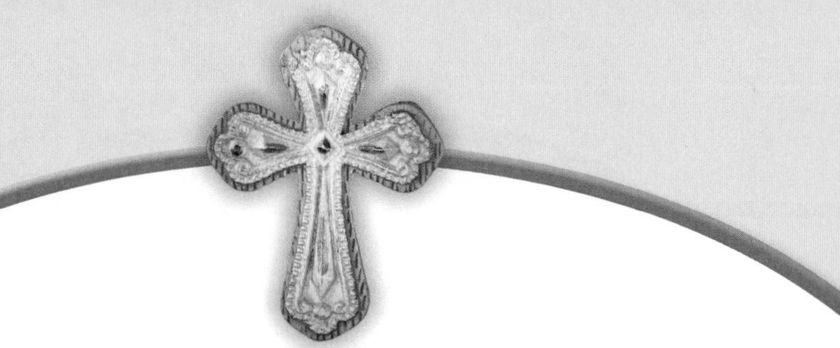

Me llamo ______________________________________________ .

Yo soy un niño/niña católico.

Mi parroquia es _______________________________________

y está en ______________________________________________ .

Este es un libro para aprender acerca de la fe católica. Cuando leas este libro, hagas los juegos y completes las actividades repasarás algunas creencias católicas que ya sabes. Y también aprenderás más cosas sobre lo que los católicos creemos acerca de Dios y de cómo Dios quiere que vivamos.

También repasarás algunas tradiciones católicas y aprenderás acerca de cómo los católicos oramos y cómo celebramos los sacramentos.

My name is ______________________________________________.

I am a Catholic child.

My parish is ______________________________________________

in ______________________________________________.

This is a book about the Catholic faith. As you read this book and do the games and activities, you will review some Catholic beliefs you already know. You will learn more of what Catholics believe about God and how God wants us to live.

You will also review some Catholic traditions and will learn more about how Catholics pray and celebrate the sacraments.

# Índice



## Sección uno



## Sección dos

# Contents

## Sección tres



## Sección cuatro

## Section Three



## Section Four

Querido Dios:

al abrir este libro
me acuerdo lo mucho que me quieres.

Yo también te quiero.

Quiero ser tu amigo y conocerte mejor.

Ayúdame, ayuda a mi familia, amigos y
a todo el mundo.

Haré todo lo que pueda para aprender más acerca
de ti, de tu Iglesia y para ser tu buen amigo.

Amén.

Dear God,

as I open this book
I remember how much you love me.

I also love you.

I want to be your friend and learn about you.

Help me, my family, my friends, and
all the world.

I will do my best to get to know you and your
Church better and to be your good friend.

Amen.

# Nuestras creencias católicas

¿Qué creemos los católicos acerca de Dios y de la Iglesia? Tú ya sabes muchas cosas importantes acerca de Dios. En esta sección aprenderás más sobre lo que los católicos creemos acerca de Dios Padre, de Jesús –su Hijo– y del Espíritu Santo.

Las historias y actividades también te enseñarán acerca de nuestra Santísima Madre, la Virgen María.

Conocerás a algunos de los grandes santos de la Iglesia.

También aprenderás cosas nuevas sobre la Iglesia católica y sus dirigentes, y también leerás acerca de la Biblia.

Section One

# Our Catholic Beliefs

What do Catholics believe about God and the Church? You already know many important things about God. In this section, you will learn more of what we Catholics believe about God the Father, Jesus his Son, and the Holy Spirit.

The stories and activities will also teach you about our Blessed Mother, Mary.

You will meet some of the great saints of the Church.

You will learn some new things about the Catholic Church and her leaders, and you will read more about the Bible, too.

# Conocer y amar a Dios

¿Quién fue la primera persona que te habló de Dios? ¿Te acuerdas? Quizá fue tu papá o tu mamá. ¿O fue un hermano o una hermana? A lo mejor fue uno de tus abuelitos.

Todas las personas se preguntan acerca de Dios. Nos preguntamos cómo es que existimos. Nos preguntamos cómo puede ser que el mundo sea tan grande y tan bonito. Sabemos que sólo alguien todopoderoso pudo crear todo esto. Dios es quien lo ha creado todo.

No siempre podemos saber cómo imaginarnos a Dios. Quizá nos resulte difícil hablar de Dios. La Iglesia nos ayuda a conocer a Dios y a hablar acerca de él. A medida que más conocemos a Dios, más lo amamos y más sabemos que Dios nos ama.

Sabemos que Dios *quiere que lo conozcamos.*

Dios se ha **revelado** a sí mismo a nosotros haciendo que otras personas sepan qué contar a los demás acera de Dios. Encontramos estas historias acerca de Dios en la Biblia.

Pero lo mejor de todo es que Dios se ha revelado a sí mismo a nosotros al enviarnos a su Hijo, Jesús.

## Conoce nuestra fe católica

En el Antiguo Testamento leemos:

> Oh Señor, nuestro soberano, ¡qué majestuoso es tu nombre en toda la tierra! . . . Cuando miro a los cielos, la obra de tus manos, la luna y las estrellas que tu has establecido; ¿qué son los seres humanos que te preocupas de ellos, los mortales que cuidas de ellos?
>
> SALMO 8:1, 3, 4

# Knowing and Loving God

Who first told you about God? Do you remember? Maybe it was your mom or dad. Or was it a brother or sister? It might have been one of your grandparents.

Everyone wonders about God. We ask ourselves how we came to be. We wonder how the world could be so big and so beautiful. We know only someone all-powerful could have made all of this. It is God who made everything.

We cannot always know how to think of God. We might find it hard to speak about God. The Church helps us to know and speak about God. As we learn more about God, we grow to love God more, and we know that God loves us. We know that *God wants us to know him.*

God has **revealed** himself to us by letting certain people know what to tell others about God. We find these stories about God in the Bible.

Best of all, God has revealed himself to us by sending us his Son, Jesus.

## Know Our Catholic Belief

In the Old Testament, we read:

> O Lord, our Sovereign, how majestic is your name in all the earth! . . . When I look at your heavens, the work of your fingers, the moon and stars that you have established; what are human beings that you are mindful of them, mortals that you care for them?
>
> Psalm 8:1, 3, 4

# Palabras para describir a Dios

Samuel ha empezado a hablar a su hermanito acerca de Dios. Ayuda a Samuel pensando en algunas de las palabras que podría usar para completar las frases que siguen a continuación. Usa cualquier palabra que se te ocurra que comience por la letra indicada. ¡Es posible que haya más de una respuesta correcta!

Cuando pienso en Dios, yo sé que es poderoso.

Dios es más fuerte que **t** ________________

o que tu **m** ________________

o que tu **p** ________________ .

Dios también es amoroso.
Dios nos ama como un **p** ________________

o como un **a** ________________

o como una **m** ________________ .

¡Dios creó el mundo!
Dios creó a los animales, como

los **c** ________________

y los **p** ________________

y las **a** ________________ .

¡Estas son otras cosas que Dios ha creado!

Dios creó las **e** ________________

y las **p** ________________

y el **m** ________________ .

# Words to Describe God

Samuel has begun to tell his little brother about God. Help Samuel by thinking of some words that he could use to finish his sentences. Use any words you can think of that begin with the letters below. There might be more than one correct answer!

When I think of God, I know he is powerful.

God is stronger than **t**________________

or **m**________________

or **w**________________.

God is loving, too!
God loves us like a **f**________________

or a **g**________________

or a **m**________________.

God made the whole world!
God made animals like

**b**________________

and **l**________________

and **h**________________.

Here are some other neat things God made!

He made **n**________________

and **d**________________

and **s**________________.

# La Biblia

La **Biblia** es la *Palabra de Dios.* Durante la misa escuchamos las historias y otras lecturas tomadas de la Biblia. Leemos la Biblia en nuestra casa y en la clase de religión.

La Biblia no es un solo libro, sino una colección de muchos libros.

La Biblia está dividida en *dos secciones.* La primera, el **Antiguo Testamento,** tiene cuarenta y seis libros. Estos libros se escribieron antes de que naciera Jesús. El Antiguo Testamento contiene historias del pueblo elegido de Dios y de cómo Dios lo guió y cuidó de él.

La segunda sección es el **Nuevo Testamento,** que contiene veintisiete libros. Los libros del Nuevo Testamento se escribieron después de la muerte y Resurrección de Jesús. Los cuatro **Evangelios** del Nuevo Testamento nos cuentan las historias de Jesús y de sus seguidores. Los *Hechos de los Apóstoles,* el libro del *Apocalipsis* y las *cartas de san Pablo* y de otros autores nos cuentan acerca de la Iglesia primitiva.

### Conoce nuestra fe católica

Dios es el autor de la Biblia. Dios **inspiró** a autores humanos a escribir los libros de la Biblia.

# Lesson 2

# The Bible

The **Bible** is the *Word of God.* We listen to stories and other readings from the Bible at Mass. We read from the Bible at home and in religion classes.

The Bible is not just one book, but a collection of many books.

The Bible is divided into two sections. The first, the **Old Testament,** has forty-six books. They were written before Jesus was born. The Old Testament has stories of God's chosen people and how God led them and cared for them.

Next comes the **New Testament,** which has twenty-seven books. The books of the New Testament were written after the death and Resurrection of Jesus. The four **Gospels** in the New Testament tell about Jesus and his followers. The *Acts of the Apostles,* the *Book of Revelation,* and the *Letters of Paul* and of other authors tell about the early Church.

### Know Our Catholic Belief

God is the author of the Bible. God **inspired** human authors to write the books of the Bible.

Actividad 2

# Historias de los Antiguo y Nuevo Testamentos

A continuación lee acerca de algunas historias de la Biblia. Escribe AT si la historia es del Antiguo Testamento y NT si es del Nuevo Testamento.

1. El rey David compuso canciones y oraciones de alabanza.

____________________

2. Jesús enseñó a sus apóstoles a orar.

____________________

3. La Virgen María colocó al niño Jesús en un pesebre.

____________________

4. Cuando Adán y Eva pecaron, Dios prometió enviar a un Salvador.

____________________

# Stories in the Old and New Testaments

Read about some Bible stories below. Write OT if the story is from the Old Testament and NT if it is from the New Testament.

1. King David wrote songs and prayers giving praise.

_______________

2. Jesus taught his apostles how to pray.

_______________

3. Mary laid baby Jesus in a manger.

_______________

4. When Adam and Eve sinned, God promised to send a Savior.

_______________

# La Trinidad

Tú ya sabes cómo orar haciendo la señal de la cruz. Usando los dedos de la mano derecha, nos tocamos la frente, el pecho, el hombro izquierdo y luego el hombro derecho mientras decimos: "En el nombre del Padre, y del Hijo, y del Espíritu Santo. Amén".

Cuando oramos estas palabras estamos orando a la **Santísima Trinidad.** La Santísima Trinidad es el nombre que usamos para referirnos a las *tres Personas en un solo Dios.* ¿Te acuerdas de los nombres de las tres Personas?

Las tres Personas de la Santísima Trinidad son:

Dios **Padre,**
Dios **Hijo** y
Dios **Espíritu Santo.**

¡Recuerda: sólo hay *un* Dios! Dios Padre es Dios. Dios Hijo es Dios. Dios Espíritu Santo es Dios.

Sólo hay un Dios. Hay tres Personas en un solo Dios. Cada Persona no es un Dios diferente. Sólo hay un Dios.

Llamamos *misterio de fe* a esta enseñanza acerca de Dios. No podemos entender cómo puede haber tres Personas, pero sólo un Dios. Dios nos ha revelado esto. Nuestra fe nos dice que es verdad. Los católicos creemos en la Santísima Trinidad: Dios Padre, Dios Hijo y Dios Espíritu Santo.

## Conoce nuestra tradición católica

¿Has escuchado de San Patricio, un gran santo irlandés? Era un obispo que hace muchos siglos se marchó a Irlanda para enseñar a la gente acerca de Dios. San Patricio intentó enseñar a la gente acerca de la Santísima Trinidad, pero la gente no le entendía. San Patricio, para ayudarlos, tomó un trébol, que tienen tres hojas, y les dijo: "Cada vez que vean las tres hojas de un trébol, acuérdense de la Santísima Trinidad: Dios Padre, Dios Hijo y Dios Espíritu Santo".

# The Trinity

You remember how to pray the Sign of the Cross. We use the fingers of the right hand to touch forehead, chest, left shoulder, and right shoulder as we say, "In the name of the Father, and of the Son, and of the Holy Spirit. Amen."

When we pray these words, we are praying to the **Holy Trinity.** The Holy Trinity is the name we use to talk about the three Persons in one God. Do you remember their names?

The three Persons of the Holy Trinity are:

God the **Father,**
God the **Son,** and
God the **Holy Spirit.**

Remember! There is only *one God.* God the Father is God. God the Son is God. God the Holy Spirit is God.

There is one God. There are three Persons in one God. Each Person is not a separate God. There is only one God.

We call this teaching about God a *mystery of faith.* We cannot understand how there can be three Persons, but only one God. God has revealed this to us. Our faith tells us this is true. We Catholics believe in the Holy Trinity—God who is Father, Son, and Holy Spirit.

## Know Our Catholic Tradition

Have you heard of Saint Patrick, the great saint of Ireland? He was a bishop who went to Ireland many centuries ago to teach people about God. Saint Patrick tried to tell people about the Holy Trinity, but they could not understand. To help them, he held up a shamrock, which has three leaves. "Whenever you see three leaves on a shamrock, remember the Holy Trinity—God the Father, the Son, and the Holy Spirit," he said.

Actividad 3

# Un mensaje y dibujo secretos

Colorea de amarillo todas las áreas marcadas con un ✚.

Colorea de verde todas las áreas marcadas con una ★.

Colorea de azul todas las áreas sin marcar.

Cuando termines, leerás una de nuestras más importantes creencias católicas y verás un dibujo que te la recordará.

# A Hidden Message and Picture

Color all the shapes that are marked with a ✚ yellow.

Color all the shapes that are marked with a ★ green.

Color all the unmarked shapes blue.

You will read one of our important Catholic beliefs and see a picture to remind you of it.

## Lección 4

# Jesús es el Hijo de Dios

¿Te acuerdas de cómo Adán y Eva desobedecieron a Dios? Pecaron al desobedecer a Dios. A causa de su pecado, todos nacemos con el **pecado original.** Este pecado es transmitido a cada uno de nosotros. Dios prometió que enviaría a alguien para salvarnos del pecado. El pueblo de Israel nunca olvidó la promesa de Dios. Esperaron a que Dios enviara a un **Salvador.**

Todos se preguntaban cómo sería el Salvador. ¿Sería un soldado? ¿Sería un rey muy rico?

Por fin, Dios envió a su único Hijo. No vino ni como un soldado ni como un rey. Dios pidió a una joven llamada María que se convirtiera en la Madre de Dios. ¡El Hijo de Dios vino a nosotros en forma de bebé! María, y su esposo, José, estaban en Belén cuando nació el niño. José no pudo encontrar una habitación donde quedarse y por eso se fueron a un establo. Allí María dio luz a su hijo. Lo llamó Jesús.

Los **ángeles** anunciaron el nacimiento de Jesús a unos pastores. Una estrella muy grande indicó a los Reyes Magos dónde había nacido Jesús. ¡Los pastores y los Reyes Magos fueron a Belén para adorar al niño Jesús!

Jesús creció en su casa, con María y José. Él los quería mucho y aprendió de ellos y los obedeció. El Hijo de Dios se hizo hombre y nos enseñó cómo vivir.

Basado en Lucas 2:1–20 y Mateo 2

### Conoce nuestra tradición católica

Cada año recordamos los miles de años que Israel estuvo esperando a un Salvador. Durante el tiempo de **Adviento** esperamos el nacimiento de Jesús. El 25 de diciembre celebramos la fiesta de **Navidad,** el nacimiento de Jesús, nuestro Salvador.

## Lesson 4

# Jesus Is the Son of God

Do you remember how Adam and Eve disobeyed God? They sinned by disobeying God. Because of their sin we are born in **original sin.** It is passed on to each of us. God promised he would send someone to save us from sin. The people of Israel never forgot God's promise. They waited for God to send a **Savior.**

What would the Savior be like? A soldier? A rich king? Everyone wondered.

At last, God sent his only Son. He didn't come as a soldier or a king. God asked a young woman named Mary to become his mother. Mary agreed to become the Mother of God. The Son of God came to us as a little baby! Mary and her husband, Joseph, were in the town of Bethlehem when the baby was born. Joseph could not find a room for them, so they went to a stable. There, Mary gave birth to her baby. She named him Jesus.

**Angels** announced Jesus' birth to some shepherds. A huge star in the sky led three wise men to the place where Jesus had been born. The shepherds and wise men went to Bethlehem to worship baby Jesus!

Jesus began his life at home with Mary and Joseph. He loved them, learned from them, and obeyed them. The Son of God became man and showed us how to live.

Based on Luke 2:1–20 and Matthew 2

### Know Our Catholic Tradition

Each year, we remember the thousands of years that Israel waited for a Savior. During the season of **Advent,** we wait for Jesus' birthday. On December 25th, we celebrate the feast of **Christmas,** the birthday of Jesus, our Savior.

Actividad 4

# Pistas y un mensaje

Rellena cada espacio en blanco para deletrear las respuestas correctamente. Cuando una línea tenga un número debajo, copia la letra en el recuadro de abajo, sobre el número correspondiente. Cuando hayas terminado, verás que las letras que has transferido al recuadro deletrearán un título especial de Jesús. Una de las letras ya está escrita para ayudarte.

1. Dios prometió a enviar un ___ ___ ___ ___ ___ ___ o ___.
   4

2. ¿Quién anunció el nacimiento de Jesús? Los ___ ___ ___ ___ ___ ___ ___.
   6 10

3. María accedió a ser la ___ ___ ___ ___ ___ de Dios.
   5

4. Esperamos la Navidad durante el ___ ___ ___ ___ ___ ___
   9

   de ___ ___ ___ ___ ___ ___ ___ ___.
   7 8 9

5. ___ ___ ___ ___ era el esposo de María. María llamó
   3

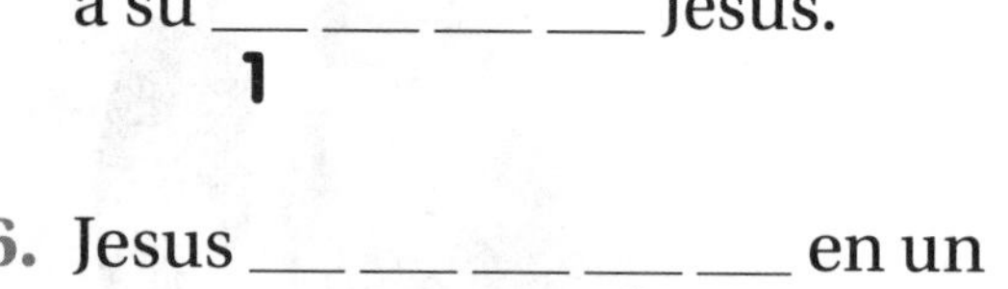

   a su ___ ___ ___ ___ Jesús.
   1

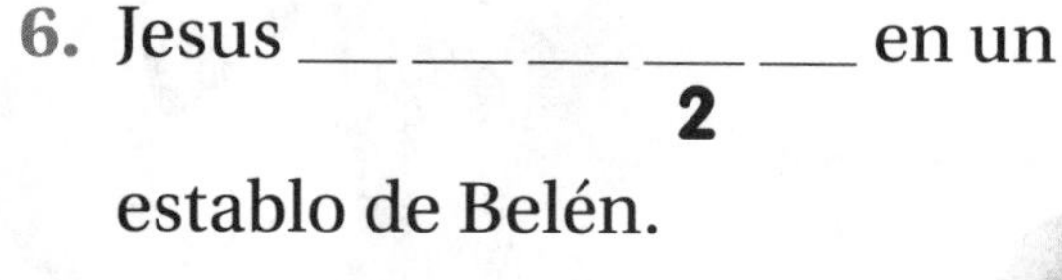

6. Jesus ___ ___ ___ ___ ___ en un
   2

   establo de Belén.

Jesús es el ___ ___ ___ o ___ ___ ___ ___ ___ ___.
1 2 3 4 5 6 7 8 9 10

# Clues and Transfers

Fill in each blank below to spell correct answers. When a line has a number beneath it, transfer that letter to the blank marked with that number at the bottom of the page. When you are finished, the transfers will spell a special title for Jesus. One letter has been filled in for you.

1. God promised to send a ___ ___ ___ ___ o ___.
   (4 beneath the fifth blank)

2. Who announced Jesus' birth? ___ ___ ___ ___ ___ ___
   (6 beneath the third blank, 1 beneath the sixth blank)

3. Mary agreed to be the ___ ___ ___ ___ ___ ___ of God.
   (7 beneath the second blank)

4. During the season of ___ ___ ___ ___ ___ ___ we wait ___ ___ ___ Christmas, Jesus' birthday.
   (8 beneath the second blank, 3 beneath the fifth blank; 5 and 2 beneath the first and second blanks after "we wait")

Jesus is the ___ ___ ___ o ___ ___ ___ ___.
(1 2 3 4 5 6 7 8)

# Jesús nos enseñó

Cuando Jesús se hizo mayor, se marchó de su casa y comenzó a viajar y a enseñar a la gente acerca de Dios, su Padre. Jesús eligió a doce hombres para que fueran sus seguidores más cercanos. Estos seguidores eran los **Doce Apóstoles.**

Jesús y sus apóstoles caminaron muchas millas. Iban de ciudad en ciudad. En cada ciudad Jesús hablaba a la gente acerca de Dios, su Padre. Jesús fue un gran maestro. Enseñaba a la gente por medio de parábolas. Una *parábola* es una historia que enseña una lección. Jesús enseñó a la gente acerca del reino de Dios y a amarse los unos a los otros.

Jesús realizó muchos **milagros** orando a su Padre. Curó a personas que estaban enfermas o que tenían discapacidades. ¡Jesús incluso devolvió la vida a personas que habían muerto!

¡Todos querían conocer a Jesús! La gente traía a sus niños para que vieran a Jesús. Un día los apóstoles pensaron que Jesús estaba demasiado cansado como para estar con los niños. Los apóstoles echaron a los niños. Pero Jesús hizo que volvieran a él. ¡Jesús nunca quiso que no dejaran que los niños estuvieran con él! Jesús jugó con los niños y los bendijo.

Basado en Mateo 19:13–15

## Conoce nuestra tradición católica

Jesús dijo: "Ámense los unos a los otros como yo los he amado. Así todos sabrán que son mis discípulos, porque se aman los unos a los otros".

BASADO EN JUAN 13:34–35

# Lesson 5

# Jesus Taught Us

When Jesus grew up, he left his home and began to travel and teach people about God his Father. Jesus chose twelve men to be his closest followers. They were the **Twelve Apostles.**

Jesus and his apostles walked many miles. They went from town to town. In each town, Jesus told the people about God his Father. Jesus was a great teacher. He taught the people by telling them parables. A *parable* is a story that teaches a lesson. Jesus taught people about the Kingdom of God. He taught people to love one another.

Jesus worked many **miracles** by praying to his Father. He healed people who were sick or had disabilities. Jesus even brought some people who were dead back to life!

Everyone wanted to meet Jesus! People brought their children to see him. One day, the apostles thought Jesus was too tired to see the children. They sent them away. But Jesus called them back. He never wanted to send children away! Jesus played with the children and blessed them.

Based on Matthew 19:13–15

## Know Our Catholic Tradition

Jesus said, "Just as I have loved you, you also should love one another. By this everyone will know that you are my disciples, if you have love for one another."

JOHN 13:34–35

# Sopa de letras

Encuentra en esta sopa de letras las respuestas a las pistas de abajo. ¡Ten cuidado! Algunas de las palabras están de izquierda a derecha y otras de arriba a abajo.

| | | | | | | | | |
|---|---|---|---|---|---|---|---|---|
| H | I | S | T | O | R | I | A | S |
| A | P | O | S | T | O | L | E | S |
| L | O | A | M | A | R | S | E | M |
| N | I | N | O | S | R | E | N | I |
| Q | P | A | D | R | E | R | J | L |
| V | I | D | A | N | U | Y | E | L |
| S | T | O | D | O | S | O | S | A |
| M | E | I | H | Z | C | N | U | S |
| M | I | L | A | G | R | O | S | H |

**Pistas**

1. Jesús eligió a doce hombres para que fueran sus _ _ _ _ _ _ _ _ _.
2. Los apóstoles echaron a los _ _ _ _ _ porque Jesús estaba cansado.
3. ¿Quién quería conocer a Jesús? _ _ _ _ _.
4. Jesús enseñó a la gente acerca de Dios, su _ _ _ _ _.
5. Dios envió a _ _ _ _ _ para que fuera nuestro Salvador.
6. Jesús devolvió a la _ _ _ _ algunas personas que habían muerto.
7. Jesús enseñó a las personas cómo _ _ _ _ _ _ los unos a los otros.
8. Jesús caminó muchas _ _ _ _ _ _.
9. Las obras maravillosas que Jesús hizo para curar a los enfermos se llaman _ _ _ _ _ _ _ _.
10. Jesús contó _ _ _ _ _ _ _ _ _ acerca de Dios.

# Word Search

You can find each answer to the clues below hidden in the word box. Be careful! Some words will go from side to side, but others will go from top to bottom.

| | | | | | | | | |
|---|---|---|---|---|---|---|---|---|
| S | T | O | R | I | E | S | X | M |
| A | P | O | S | T | L | E | S | I |
| L | O | G | I | L | O | V | E | L |
| C | H | I | L | D | R | E | N | E |
| Q | F | A | T | H | E | R | J | S |
| L | I | F | E | N | U | Y | E | M |
| S | X | P | Z | K | P | O | S | N |
| M | E | I | H | Z | C | N | U | H |
| M | I | R | A | C | L | E | S | H |

**Clues**

1. Jesus chose twelve men to be _ _ _ _ _ _ _ _.
2. The apostles sent the _ _ _ _ _ _ _ _ away because Jesus was tired.
3. Who wanted to meet Jesus? _ _ _ _ _ _ _ _.
4. Jesus told people about God, his _ _ _ _ _ _.
5. God sent _ _ _ _ _ to be our Savior.
6. Jesus brought some people who were dead back to _ _ _ _.
7. Jesus taught people to _ _ _ _ one another.
8. Jesus walked many _ _ _ _ _.
9. Wonderful things Jesus did to heal people: _ _ _ _ _ _ _ _ .
10. Jesus told _ _ _ _ _ _ _ about God.

# Jesús nos salvó

Jesús tenía muchos amigos, pero también tenía algunos enemigos. Estos estaban enfadados con las enseñanzas de Jesús acerca de Dios. Decían que Jesús estaba rompiendo las leyes judías. Estos enemigos hicieron un plan para arrestar a Jesús y matarlo.

Los soldados arrestaron a Jesús. Le pegaron y se burlaron de él. Luego hicieron a Jesús cargar una viga de madera muy pesada y llevarla hasta un cerro. En ese cerro, llamado Calvario, los soldados colgaron a Jesús en una cruz. Dijeron que era un criminal y lo dejaron colgando de la cruz hasta que murió. Entonces la madre de Jesús y algunos de sus amigos bajaron el cuerpo de Jesús y lo enterraron en una tumba. ¡Todos estaban muy tristes! Habían pensado que Jesús era el Salvador, pero ahora ¡estaba muerto!

Tres días después, un domingo por la mañana, algunas mujeres fueron a la tumba de Jesús. ¡Y se la encontraron vacía! ¡Jesús había resucitado de entre los muertos! Jesús se apareció a muchos de sus amigos después de resucitar de entre los muertos. Nos prometió que estaría siempre con nosotros. Llamamos a este resucitar de entre los muertos la **Resurrección** de Jesús. Sabemos que Jesús es el Hijo de Dios.

Basado en Marcos 15 y 16

## Conoce nuestra tradición católica

Cuando celebramos la **Cuaresma** podemos recordar cómo Jesús vivió y murió por nosotros. El tiempo de Cuaresma son los cuarenta días antes de la Pascua. Los días especiales llamados Semana Santa nos recuerdan los últimos días de la vida de Jesús y su muerte en la cruz. Celebramos la Resurrección de Jesús con la gozosa fiesta de **Pascua**.

# Jesus Saved Us

Jesus had many friends, but he also had some enemies. They were upset with his teachings about God. They said Jesus was breaking Jewish laws. These enemies made a plan to have Jesus arrested and killed.

Soldiers arrested Jesus. They beat him and made fun of him. Then they made Jesus carry a heavy beam of wood up a long hill. On that hill named Calvary, they hung Jesus on a wooden cross. They said he was a criminal, and they hung him there until he died. Then Jesus' mother and some friends took his body and placed it in a tomb. Everyone was so sad! They had thought Jesus was the Savior, but now he was dead!

After three days, on a Sunday morning, some women went to Jesus' tomb. They found it empty! Jesus had risen from the dead! Jesus came to many of his friends after he rose from the dead. He promised he would always be with us. We call this rising from the dead Jesus' **Resurrection.** We know Jesus is the Son of God.

Based on Mark 15 and 16

## Know Our Catholic Tradition

We can remember how Jesus lived and died for us when we celebrate the season of **Lent** for forty days before Easter. The special days of Holy Week remind us of Jesus' last days and his death on the cross. We celebrate his resurrection on the joyful feast of **Easter**.

# Palabras desordenadas

Cada huevo de Pascua contiene una palabra desordenada tomada de la lección 6. Podrás "romper" los huevos si escribes, con ayuda de cada pista, la palabra correctamente.

mutab

valiCrao

1. Lugar donde enterraron el cuerpo de Jesús: ______________.

2. Nombre del cerro donde murió Jesús: ______________.

daSldsoo

zurc

3. Personas que arrestaron a Jesús: ______________.

4. Donde colgaron a Jesús para matarlo: ______________.

saPauc

gmodoni

5. Día en el que celebramos la Resurrección de Jesús: ______________.

6. Día de la semana cuando Jesús resucitó de entre los muertos: ______________.

# Scrambled Words

Each Easter egg contains a scrambled word from Lesson 6. "Hatch" each egg by writing the correct word to match each clue.

**mobt**

1. Where Jesus' body was buried: ______________.

2. Hill where Jesus died: ______________.

**edsislor**

3. Persons who arrested Jesus: ______________.

4. Where Jesus was hung to die: ______________.

**treEsa**

5. Day we celebrate Jesus' Resurrection: ______________.

**naSyud**

6. Day of the week when Jesus rose from the dead: ______________.

# El Espíritu Santo

Jesús prometió a sus amigos que nunca los abandonaría. Cuarenta días después de su Resurrección, Jesús ascendió al cielo. Los apóstoles estaban confusos y tenían miedo. Si Jesús había dicho que nunca los abandonaría, ¿por qué se había marchado?

Basado en Hechos 1:9–11

Diez días después, María y los apóstoles estaban reunidos en una habitación en Jerusalén. De repente, ¡sopló un gran viento y unas llamas aparecieron encima de sus cabezas! ¿Qué significaba aquello?

¡Jesús estaba cumpliendo su promesa! Jesús había enviado al Espíritu Santo a María y los apóstoles. Cada persona estaba ahora llena del Espíritu Santo. Ya no tenían miedo. Querían contar a todo el mundo la Buena Nueva de Jesús y acerca de Dios, su Padre.

Aquel día, los apóstoles salieron de la habitación donde estaban reunidos, y comenzaron a enseñarles a todos acerca de Jesús. Habían venido a Jerusalén gente de muchos lugares diferentes y hablaban distintos idiomas, pero ¡todos podían entender a los apóstoles! Aquel día muchas personas se bautizaron y se convirtieron en seguidores de Jesús.

Llamamos **domingo de Pentecostés** al día en que el Espíritu Santo descendió sobre la Virgen María y los apóstoles. ¡El domingo de Pentecostés es el "cumpleaños" de la Iglesia!

Aprende a orar esta oración a Dios, Espíritu Santo:

Ven, Espíritu Santo, llena los corazones de tus fieles
y enciendo en ellos el fuego de tu amor.
Envía a tu Espíritu y los crearás
y renovarás la faz de la tierra.

# The Holy Spirit

Jesus promised his friends that he would never leave them. Then forty days after his Resurrection, Jesus was taken up into heaven. The apostles were very puzzled and afraid. If Jesus said he would never leave, why was he gone?

Based on Acts 1:9–11

Ten days later, Mary and the apostles were together in a room in the city of Jerusalem. Suddenly, a great wind began to blow! Then small flames appeared above each person's head. What did it mean?

Jesus was keeping his promise! He had sent the Holy Spirit to Mary and the apostles. Each person was now filled with the Holy Spirit. They were no longer afraid. They wanted to tell everyone the good news of Jesus and about God, his Father.

The apostles left the room that day. They began to teach everyone about Jesus. People had come to Jerusalem from many different lands. They spoke many different languages, but all could understand what the apostles were saying. Many people were baptized and became followers of Jesus that day.

We call the day the Holy Spirit came upon Mary and the apostles **Pentecost Sunday.** Pentecost Sunday is the birthday of the Church!

## Know Our Catholic Tradition

Learn to pray this prayer to God the Holy Spirit:

Come, Holy Spirit, fill the hearts of your faithful.
And kindle in them the fire of your love.
Send forth your Spirit and they shall be created.
And you will renew the face of the earth.

Actividad 7

# La Buena Nueva en código

Después de que el Espíritu Santo descendiera sobre los apóstoles, estos dejaron de tener miedo de hablar acerca de Jesús. Aquí hay tres apóstoles que están dando buenas noticias acerca de Jesús, pero ¡faltan las vocales! ¿Puedes usar el siguiente código para descubrir qué están diciendo?

**Código: A = 2 E = 5 I = 3 O = 6 U = 4**

2. ______________________

______________________

______________________

1. ______________________

______________________

______________________

3. ______________________

______________________

______________________

# Good News in Code

After the Holy Spirit came upon them, the apostles were no longer afraid to speak about Jesus. Here are three apostles telling some good news about Jesus, but the vowels are missing from their words! Can you use the code below to find out what they are saying?

**Code: A = 2 E = 5 I = 3 O = 6 U = 4**

2. ____________________
____________________
____________________

1. ____________________
____________________
____________________

3. ____________________
____________________
____________________

# La Iglesia hoy

¿En qué piensas cuando ves la palabra ***Iglesia***? Quizá pienses en un edificio, donde la gente ora, pero la Iglesia ¡es mucho más que un edificio! El domingo de Pentecostés el Espíritu Santo descendió sobre las personas y las llenó de sus dones. ¡La Iglesia son personas! A la Iglesia la llamamos *el pueblo de Dios.*

Nosotros, que somos miembros de la Iglesia, hemos sido elegidos por Dios. Hemos sido bautizados y ahora seguimos a Jesús. Somos el Cuerpo de Cristo y Cristo es la cabeza de la Iglesia.

Cuando oramos el Credo Niceno decimos: "Creo en la Iglesia, que es una, santa, católica y apostólica". ¿Qué quieren decir estas palabras?

*La Iglesia es **una.***

En la Iglesia todos creemos en un solo Dios. A través del Bautismo nos convertimos en miembros de un solo cuerpo, el Cuerpo de Cristo, la Iglesia.

*La Iglesia es **santa.***

Jesús murió para salvarnos del pecado. Dios nos quiere llenar de su gracia. Él nos llama a ser santos.

*La Iglesia es **católica.***

La palabra *católico/a* significa "universal". Llamamos católica a la Iglesia porque tiene miembros en todo el mundo.

*La Iglesia es **apostólica.***

Los primeros miembros de la Iglesia fueron los *apóstoles.* Nosotros compartimos la misma fe de los apóstoles.

## Conoce nuestra tradición católica

Jesús usó diferentes palabras para describir a la Iglesia. Jesús dijo: "Yo soy la vid y ustedes los sarmientos" y "Ustedes son el rebaño y yo soy el Buen Pastor".

BASADO EN JUAN 15:5 Y 10:14

Lesson 8

# The Church Today

What do you think of when you see the word ***Church***? You might think of a building where people go to pray together, but the Church is more than a building! On Pentecost Sunday, the Holy Spirit came upon people and filled them with his gifts. The Church is people! We call the Church *the people of God.*

We who are members of the Church have been chosen by God, baptized, and now follow Jesus. We are the Body of Christ, and Christ is the head of the church.

When we pray the Nicene Creed, we say, "We believe in *one, holy, catholic, and apostolic church.*" What do these words mean?

*The Church is* ***One.***

In the Church, we all believe in one God. Through baptism we become members of the One Body of Christ, which is the Church.

*The Church is* ***Holy.***

Jesus died to save us from sin. God wants to fill us with his grace, to be holy. We are called to be saints.

*The Church is* ***Catholic.***

The word catholic means "universal." We call the Church catholic because the Church has members all over the world.

*The Church is* ***Apostolic.***

The first members of the Church were the apostles. We share the same faith as the apostles.

## Know Our Catholic Tradition

Jesus used different words to describe the Church.
He said, "I am the vine; you are the branches" and "You are the flock; I am the Good Shepherd."

BASED ON JOHN 15:5 AND 10:14

# Mensaje escondido

Sigue las instrucciones para encontrar las palabras escondidas que describen a la Iglesia.

| | | | | | | |
|---|---|---|---|---|---|---|
| U | B | N | A | M | S | E |
| M | A | J | R | N | K | T |
| A | C | R | A | M | T | K |
| K | K | O | L | E | J | I |
| R | C | A | J | A | K | P |
| O | S | B | T | J | O | L |
| R | E | I | M | C | B | A |

1. Tacha todas las B.
2. Tacha todas las M.
3. Tacha todas las E.
4. Tacha todas las J.
5. Tacha todas las R.
6. Tacha todas las K.

Escribe en orden, en las siguientes líneas, las letras que NO has tachado.

La Iglesia es _ _ _ _, _ _ _ _ _ _ _,

_ _ _ _ _ _ _ _ _ _ y _ _ _ _ _ _ _ _ _ _ _ _ _ _.

# Hidden Message

Follow the directions below to find the hidden words that describe the Church.

| | | | | | | |
|---|---|---|---|---|---|---|
| O | B | N | E | M | H | U |
| M | O | J | R | L | K | Y |
| C | A | R | T | M | H | K |
| K | K | O | L | U | J | I |
| R | C | A | J | P | K | O |
| S | T | B | O | J | L | I |
| R | M | C | M | U | B | B |

1. Cross out all the B's.
2. Cross out all the M's.
3. Cross out all the U's.
4. Cross out all the J's.
5. Cross out all the R's.
6. Cross out all the K's.

On the lines below, write in order the letters that have NOT been crossed out.

The Church is ____, ______,

____________, and

______________.

# Los dirigentes de nuestra Iglesia

Jesús es la cabeza de la Iglesia. Él llamó a los apóstoles para que fueran los primeros dirigentes de su Iglesia. Jesús eligió al apóstol san Pedro para que estuviera encargado de todos ellos.

Desde entonces, la Iglesia ha tenido dirigentes que han seguido los pasos de san Pedro y de los demás apóstoles. Hoy tenemos a un dirigente al que llamamos **Papa** o *Santo Padre*. El Papa dirige a toda la Iglesia, tal y como lo hizo san Pedro. ¿Sabes el nombre del Santo Padre?

Hoy en día también tenemos dirigentes para cada **diócesis** de la Iglesia. Una diócesis es un área del mundo. La cabeza de cada diócesis es un **obispo.** El obispo sigue los pasos de los apóstoles.

Las diócesis están divididas en secciones, llamadas **parroquias.** La cabeza de cada parroquia es un **sacerdote** al que llamamos **párroco.** Los párrocos y los otros sacerdotes celebran la misa, perdonan los pecados, visitan a los enfermos, aconsejan y ayudan a los demás. Los párrocos son pastores que cuidan de su gente, como Jesús pidió a los apóstoles que hicieran. ¿Quién es tu párroco? ¿Cuál es tu parroquia?

Algunas parroquias también tienen **diáconos** que guían a la gente en oración, predican y sirven a los demás donde se les necesite.

## Conoce nuestra tradición católica

"Alimenta a mis corderos, alimenta a mis ovejas", le dijo Jesús a Pedro. Las personas que cuidan de corderos y ovejas se llaman pastores. Jesús estaba diciendo a Pedro y a los demás apóstoles que actuaran como si fueran pastores y cuidaran de la Iglesia, del pueblo de Dios.

# Our Church Leaders

Jesus is the head of the Church. He called his apostles to be the first leaders of his Church, and he put the apostle Peter in charge of them all.

Ever since then, the Church has had leaders who followed in the footsteps of Peter and the other apostles. Today we have a leader called the *pope*. We call the **pope** our *Holy Father*. Our pope leads the whole Church like Saint Peter did. Do you know the name of our Holy Father?

Today we have Church leaders for each **diocese,** or area, of the world. The head of each diocese is a **bishop.** The bishops follow in the footsteps of the apostles.

Dioceses are divided into smaller sections called **parishes.** The head of each parish is a **priest** called the **pastor.** Pastors and other parish priests celebrate Mass. They forgive sins, visit the sick, teach, give advice, and help those in trouble. Pastors are shepherds taking care of people as Jesus told the apostles to do. Who is your pastor? What is the name of your parish?

Some parishes also have **deacons** who lead prayers, preach, and give service where they are needed.

## Know Our Catholic Tradition

"Feed my lambs and feed my sheep," Jesus said to Peter. People who take care of lambs and sheep are called shepherds. Jesus was telling Peter and the other apostles to act like shepherds and watch over the Church, the people of God.

# Crucigrama

Usa las pistas de abajo para que puedas rellenar el crucigrama. Una de las respuestas ya está escrita para ayudarte.

**Horizontal**

4. Hombre que dirige a toda la Iglesia, como lo hizo san Pedro
6. Tu iglesia local
7. Hombre que celebra la misa y perdona los pecados
8. Sacerdote encargado de una parroquia
9. El Cuerpo de Cristo y el pueblo de Dios

**Vertical**

1. Pastor y maestro de las personas de una diócesis
2. Persona que guía a otras; persona encargada de otras
3. Uno de los primeros seguidores de Jesús y líderes de la Iglesia
4. Persona que cuida de las ovejas
5. Área bajo la dirección de un obispo
6. El apóstol que Jesús eligió para que dirigiera la Iglesia

# Crossword Puzzle

Use the word list below to fill in the puzzle. One has been done for you.

**Across**

3. Area led by a bishop
8. Priest who heads a parish
9. People who care for sheep
10. Your local church

**Down**

1. An early follower of Jesus and leader of the Church
2. People who guide others; people in charge
4. Shepherd and teacher of the people in a diocese
5. Man who leads the whole Church as Peter did
6. The Body of Christ and people of God
7. The apostle Jesus chose to lead the Church
8. Man who can celebrate Mass and forgive sins

# María, modelo de fe

Cuando Dios envió al arcángel Gabriel a pedir a María que fuera la madre de su Hijo, ella contestó: "¡Sí! Haré cualquier cosa que Dios me pida".

María siempre creyó en el amor y el poder de Dios. Un día, cuando Jesús ya era mayor, él y su madre estaban de invitados en una boda. María se dio cuenta de que a la familia de la novia se le había acabado el vino. María se dirigió a Jesús y le pidió que los ayudara. Entonces, ella le dijo a unos de los meseros: "Hagan lo que él les diga". Jesús se sorprendió pero hizo lo que su madre le había pedido. Jesús dijo a los meseros que le trajeran seis jarros grandes de agua. Y entonces realizó su primer milagro. ¡Jesús convirtió el agua en un vino muy bueno!

Basado en Juan 2:1–11

Hoy todavía escuchamos a María diciéndonos: "Hagan lo que Jesús les diga". Escuchamos a María porque es nuestra madre. Cuando Jesús estaba muriendo en la cruz, él vio a su madre, María, y a su apóstol Juan parados allí. Jesús le dijo a María: "Ahí está tu hijo". Y a Juan le dijo: "Ahí está tu madre". A partir de ese momento Juan cuidó de María en su casa, y María se convirtió en la madre de todos los que pertenecen a la Iglesia.

Basado en Juan 19:26–27

Nosotros nos dirigimos a María y le pedimos que ore por nosotros. Ella cuida a la Iglesia aquí en la tierra.

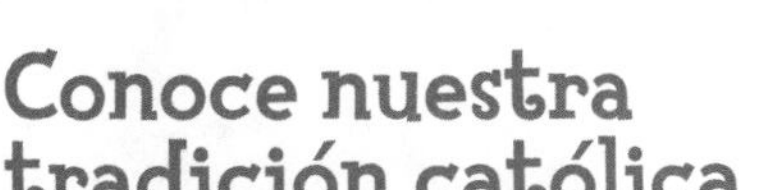

## Conoce nuestra tradición católica

Nos dirigimos a María y le pedimos que ore a Dios por nosotros. Ella es la Madre de la Iglesia.

# Mary, Model of Faith

When God sent the angel Gabriel to ask Mary to be the mother of his Son, she said, "Yes! I will do whatever God asks me to do!"

Mary always believed in God's love and power. One day, after Jesus had grown up, he and his mother were guests at a wedding. Mary found out that the bride's family had run out of wine. She went to Jesus and asked him to help. Then she told some waiters, "Do whatever he tells you." Jesus was surprised, but he did what his mother asked. Jesus told the waiters to bring him six large jugs of water. Then he worked his first miracle. Jesus turned the water into very good wine!

Based on John 2:1–11

Today we still listen to Mary when she tells us to "Do whatever Jesus tells you." We listen to Mary because she is our mother. When Jesus was dying on the cross, he saw his mother, Mary, and his apostle John standing there. Jesus said to Mary, "There is your son." He said to John, "There is your mother." From then on, John took Mary into his home, and Mary became the mother of everyone in the Church.

Based on John 19:26–27

Now we turn to Mary and ask her to pray for us. She watches over the Church on earth.

## Know Our Catholic Tradition

We turn to Mary and ask her to pray to God for us. We call her the Mother of the Church.

Actividad 10

# Un laberinto con mensaje

En este laberinto hay escondido un mensaje de nuestra Santísima Madre, María. Sigue el laberinto y descubre el mensaje. Cuando lo hagas, escríbelo en el recuadro de abajo.

**Mensaje:**

¡______ __ ___ ______ ___ _____!

# A Maze with a Message

There is a message from our Blessed Mother, Mary, hidden in the maze below. Follow the maze and uncover the message. Then write it in the box below.

**Message:**

__ _____ ______ ______ ___!

# Repaso

Traza un círculo alrededor de la respuesta correcta a cada pregunta.

1. Dios se ha revelado a nosotros en las historias que encontramos en ________.
   a. la televisión  b. la Biblia  c. los libros de ciencia

2. Dios ________ a autores humanos a escribir los libros de la Biblia.
   a. inspiró  b. forzó  c. contrató

3. La Biblia está dividida ________.
   a. en dos secciones  b. en diferentes idiomas  c. por dibujos

4. El Antiguo Testamento tiene historias acerca de ________.
   a. los hombres de las cavernas  b. el pueblo elegido de Dios  c. Jesús

5. Los libros del Nuevo Testamento fueron escritos ________.
   a. por Jesús  b. después de la muerte de Jesús y Resurrección  c. por María, la madre de Jesús

6. La Santísima Trinidad es ________.
   a. una historia  b. una idea  c. un misterio de fe

7. Durante ________ recordamos los miles de años que Israel estuvo esperando a un salvador.
   a. la Cuaresma  b. la Pascua  c. el Adviento

8. Llamamos ________ al día en que el Espíritu Santo descendió sobre los apóstoles.
   a. día de Navidad  b. domingo de Pentecostés  c. Año Nuevo

# Review

Circle the correct answer to each question below.

1. God has revealed himself to us in stories found ________.
   a. on television b. in the Bible c. in science books

2. God ________ human authors to write the books of the Bible.
   a. inspired b. forced c. hired

3. The Bible is divided ________.
   a. into two sections b. into different languages c. with pictures

4. The Old Testament has stories ________.
   a. about cavemen b. about God's chosen people c. of Jesus

5. The books of the New Testament were written ________.
   a. by Jesus b. after the death and Resurrection of Jesus c. by Jesus' mother, Mary

6. We call the Holy Trinity ________.
   a. a story b. an idea c. a mystery of faith

7. We remember the thousands of years that Israel waited for a savior ________.
   a. during Lent b. on Easter c. during Advent

8. We call the day the Holy Spirit came upon the apostles ________.
   a. Christmas Day b. Pentecost Sunday c. New Year's Day

# Nuestras celebraciones católicas

Nosotros, los católicos, tenemos maneras especiales de celebrar nuestra fe. Nos reunimos para ofrecer culto a Dios. Mediante los sacramentos celebramos momentos especiales de nuestra vida.

¿Te acuerdas de la definición de sacramento? *Un* ***sacramento*** *es un signo del amor de Dios que nos ha dado Jesús para que podamos recibir la gracia de Dios.*

Tú ya has aprendido acerca los sacramentos. ¿Has recibido ya tu Primera Comunión? ¿Recibes la Eucaristía cada semana cuando vas a misa? Has estado aprendiendo acerca de la misa y conoces muchos de los objetos y acciones que se usan en la iglesia.

En estas páginas aprenderás acerca de cada uno de los siete sacramentos a medida que leas, estudies y completes las actividades.

# Our Catholic Celebrations

We Catholics have special ways to celebrate our faith. We gather together to worship God. We celebrate special times of our lives with sacraments.

Do you remember this definition of a sacrament? *A **sacrament** is a sign of God's love, given to us by Jesus so that we can receive grace.*

You have already learned about some of the sacraments. Have you received your first Eucharist, and do you receive the Eucharist each week at Mass? You have been learning about the Mass and know many of the objects and actions we use in Church.

In these pages you will learn about each of the seven sacraments as you read, study, and complete the activities.

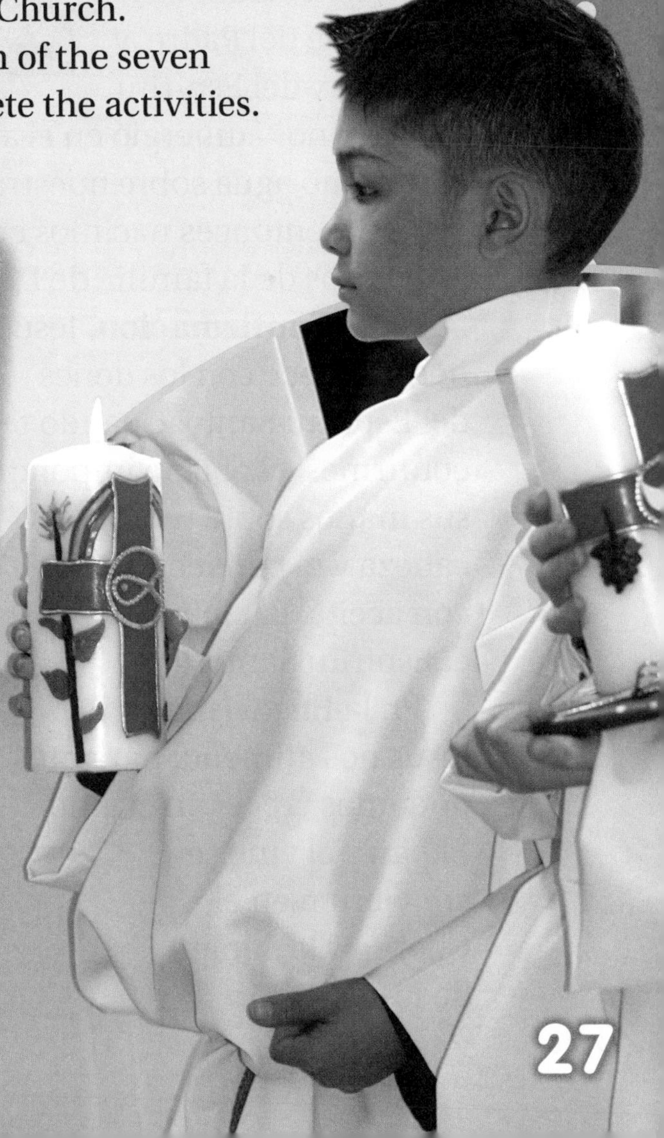

Lección 11

# Los siete sacramentos

¡Dios nos quiere dar a cada uno un regalo maravilloso! Ese regalo es la **gracia.** La gracia es la vida misma de Dios. Dios quiere vivir en nuestro interior. Recibimos la gracia de Dios mediante los sacramentos.

En el **Bautismo,** Jesús nos da una vida nueva como hijos de Dios y nos perdona el pecado original. Cuando el sacerdote o diácono dijo: "Yo te bautizo en el nombre del Padre, y del Hijo, y del Espíritu Santo" y nos sumergió en el agua o derramó agua sobre nuestras cabezas, entonces nacimos como miembros de la familia de Dios.

En la **Confirmación,** Jesús nos fortalece con los dones del Espíritu Santo. Cuando te confirmes, el obispo impondrá sus manos sobre tu cabeza y te bendecirá con aceite. Recibirás el Espíritu Santo.

En la **Eucaristía,** Jesús nos alimenta para que podamos crecer en el amor. El pan y el vino se convierten en el Cuerpo y la Sangre de Jesús.

En la **Reconciliación,** Jesús nos perdona las cosas malas que hemos hecho. Le decimos nuestros pecados a un sacerdote, quien nos da el don especial del perdón de Dios si estamos arrepentidos de nuestros pecados y decidimos no volver a pecar de nuevo.

En la **Unción de los enfermos,** Jesús nos fortalece cuando estamos enfermos. El sacerdote bendice al enfermo con un aceite especial.

En el sacramento del **Orden sacerdotal,** Jesus da a la Iglesia sacerdotes, diáconos y obispos para que sirvan y guíen al pueblo de Dios. Un obispo bendice con un aceite especial a los hombres que han sido elegidos para ser ordenados.

En el **Matrimonio,** Jesús da a la Iglesia familias nuevas. Un hombre y una mujer se convierten en esposo y esposa cuando prometen, en presencia de un ministro de la Iglesia y de testigos, compartir sus vidas para siempre.

# Lesson 11

# The Seven Sacraments

God wants to give each of us a wonderful gift! This gift is called **grace.** Grace is God's own life. God wants us to have his life within us. We receive God's grace in the seven sacraments.

In **Baptism,** Jesus gives us new life as children of God and takes away original sin. We were born into God's family when we were placed into the water or when water was poured on our heads as the priest or deacon said, "I baptize you in the name of the Father and of the Son and of the Holy Spirit."

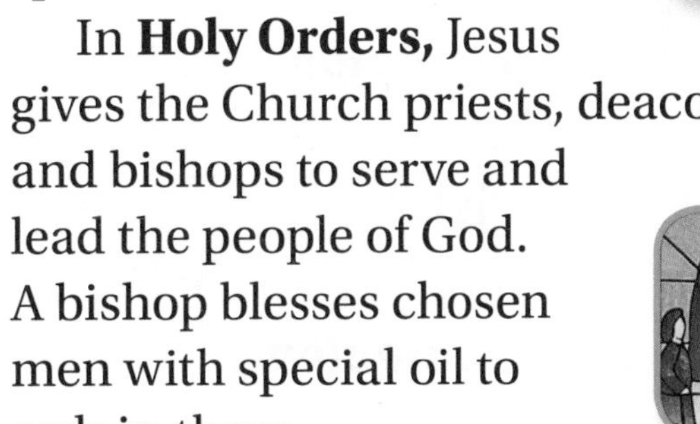

In **Confirmation,** Jesus makes us strong with the gifts of the Holy Spirit. When you are confirmed, the bishop will lay his hands on you and bless you with oil. You will receive the Holy Spirit.

In the **Eucharist,** Jesus feeds us so we can grow in love. Bread and wine become the Body and Blood of Jesus.

In **Reconciliation,** Jesus gives us forgiveness when we have done wrong. We tell our sins to a priest, who gives us a special gift of God's forgiveness if we are sorry and resolve not to sin again.

In **Anointing of the Sick,** Jesus strengthens us when we are sick. The priest blesses a sick person with special oil.

In **Holy Orders,** Jesus gives the Church priests, deacons, and bishops to serve and lead the people of God. A bishop blesses chosen men with special oil to ordain them.

In **Matrimony,** Jesus gives the Church new families. A man and woman become husband and wife when they promise, in the presence of the Church's minister and witnesses, to share their lives together.

# Emparejando signos y sacramentos

Empareja cada sacramento, en la columna A, con el signo que se usa en ese sacramento, en la columna B.

**Columna A**

1. ____ **Bautismo**
2. ____ **Confirmación**
3. ____ **Eucaristía**
4. ____ **Reconciliación**
5. ____ **Unción de enfermos**
6. ____ **Orden sacerdotal**
7. ____ **Matrimonio**

**Columna B**

a. **Aceite para curar**
b. **Aceite para bendecir a líderes**
c. **Palabras de perdón**
d. **Palabras de una promesa**
e. **Imposición de manos y bendición con aceite**
f. **Pan y vino**
g. **Agua**

# Matching Signs and Sacraments

Match the sacraments in Column A with the sign that is used in that sacrament from Column B.

**Column A**

1. ____ **Baptism**
2. ____ **Confirmation**
3. ____ **Eucharist**
4. ____ **Reconciliation**
5. ____ **Anointing of the Sick**
6. ____ **Holy Orders**
7. ____ **Matrimony**

**Column B**

a. **oil to heal**

b. **oil to bless leaders**

c. **words of forgiveness**

d. **words of promise**

e. **laying on of hands and blessing with oil**

f. **bread and wine**

g. **water**

# Los sacramentos de iniciación

El **Bautismo** y la **Confirmación** nos hacen miembros de la Iglesia. A estos sacramentos se les llama **sacramentos de iniciación.**

Cuando somos bautizados, un sacerdote o un diácono usa un aceite para pedir a Dios que nos mantenga fuertes. A continuación usa agua para bautizarnos. Derrama agua sobre nosotros, o nos sumerge en ella, mientras dice: “Yo te bautizo en el nombre del Padre, y del Hijo, y del Espíritu Santo”.

El sacerdote o el diácono usa otro aceite especial para bendecirnos.

Nos convertimos en hijos de Dios y en miembros de la Iglesia cuando somos bautizados, pero ¡nuestra pertenencia todavía no está completa! Necesitamos del sacramento de la Confirmación.

Cuando nos confirmamos, el obispo o el sacerdote nos unge una vez más con un aceite sagrado. Esta vez el aceite sagrado se usa para sellarnos con el Espíritu Santo. El obispo nos impone sus manos y traza la señal de la cruz en nuestra frente usando el aceite.

Estos dos sacramentos de iniciación nos dan la gracia de Dios para que podamos ser miembros fieles de la Iglesia. Recibimos estos dos sacramentos solamente una vez.

Hay un sacramento de iniciación más que podemos recibir muchas veces. En la siguiente lección leeremos acerca de ese sacramento.

## Conoce nuestra tradición católica

Cada persona que es bautizada tiene uno o dos padrinos. Cada persona que se confirma también tiene un padrino. Los padrinos están con nosotros como testigos y como signos del apoyo y amor de toda la comunidad cristiana.

# Sacraments of Initiation

**Baptism** and **Confirmation** make us members of the Church. They are called **sacraments of initiation.**

When we are baptized, a priest or deacon uses oil to ask God to keep us strong. Then he uses water to baptize us. He pours the water or places us in the water as he says, "I baptize you in the name of the Father and of the Son and of the Holy Spirit."

He uses another special oil to bless us.

We become children of God and members of the Church when we are baptized, but our membership is not complete yet! We need the sacrament of Confirmation.

When we are confirmed, a bishop or priest once again anoints us with sacred oil. This time the sacred oil is used to seal us with the Holy Spirit. The bishop lays his hand on us and makes the Sign of the Cross on our foreheads with oil.

These two sacraments of initiation give us God's life so that we can be faithful members of the Church. We receive both of these sacraments only once.

There is one more sacrament of initiation that we can receive many times. We will read about it in the next lesson.

## Know Our Catholic Tradition

Each person who is baptized has one or two sponsors called godparents. Each person has a sponsor at Confirmation, too. These people stand with us as witnesses and as signs of the support and love of the whole Christian community.

# Crucigrama

Resuelve el crucigrama.

**Horizontal**

1. El sacerdote derrama _____ para bautizar.
3. El sacerdote traza la señal de la _____ con un aceite especial.
6. El Bautismo y la Confirmación son _____ de iniciación.
7. En la Confirmación recibimos al _____ Santo.

**Vertical**

2. En la Confirmación, el obispo nos bendice con un _____ especial.
4. ¿Cuántas veces puedes recibir el Bautismo y la Confirmación?
5. El Bautismo y la Confirmación nos hacen _____ de la Iglesia.

# Crossword Puzzle

Solve the puzzle.

**Across**

1. Baptism and Confirmation make us _____ of the Church.
3. We receive the Holy _____ at Confirmation.
4. Father pours _____ to baptize.
6. The priest makes the Sign of the _____ on us with oil.

**Down**

2. Baptism and Confirmation are _____ of initiation.
5. How often can we receive Baptism and Confirmation?
7. In Confirmation, the bishop blesses us with _____.

Lección 13

# La Eucaristía

El tercer sacramento de iniciación es la **Sagrada Eucaristía.** El Bautismo y la Confirmación nos hacen miembros de la Iglesia. La Sagrada Eucaristía nos alimenta. Recibimos la gracia de Dios para ser miembros fieles de la Iglesia. ¡Recibimos el Cuerpo y la Sangre de **Cristo!**

Jesús nos dio la Eucaristía la noche antes de morir. Él y sus apóstoles cenaron juntos por última vez. Cuando estaban comiendo Jesús tomó un trozo de pan y lo bendijo. Lo partió y le dio a cada persona un trozo y dijo: "Este es mi Cuerpo". Jesús tomó una copa de vino, la bendijo y se la dio a cada persona diciendo: "Esta es mi Sangre". Entonces Jesús les dijo a sus apóstoles: "Hagan esto en conmemoración mía".

Basado en Lucas 22:14–20

Hoy la Iglesia hace lo que Jesús le pidió que haga. Nos reunimos para celebrar la misa. El sacerdote consagra el pan y el vino. Estos se convierten en el Cuerpo y la Sangre de Cristo. Este es el sacramento de la Eucaristía. También llamamos **Santísimo Sacramento** al Cuerpo y la Sangre de Cristo. Jesús está verdaderamente presente bajo la forma del pan y del vino del Santísimo Sacramento.

### Conoce nuestra tradición católica

Guardamos las hostias consagradas, que son el Santísimo Sacramento, en un lugar especial de la Iglesia llamado sagrario o tabernáculo. Si queremos, podemos visitar a Jesús presente en el Santísimo Sacramento. Podemos hablar con Jesús y pasar con él algo de tiempo en silencio. Algunas de nuestras parroquias también celebran la Exposición del Santísimo Sacramento, un rato de oración con Jesús presente en la Sagrada Eucaristía que tiene lugar fuera de la celebración de la misa.

# Eucharist

The third sacrament of initiation is the **Holy Eucharist.** Baptism and Confirmation make us members of the Church. The Holy Eucharist feeds us. We receive the grace to be faithful members of the Church. We receive the Body and Blood of Jesus **Christ!**

Jesus gave us the Eucharist the night before he died. He and his apostles ate supper together one last time. While they were eating, Jesus took a piece of bread and blessed it. He broke it and gave some to each person and said, "This is my Body." Jesus took a cup of wine, blessed it, gave it to each person, and said, "This is my Blood." Then Jesus told them, "Do this in memory of me."

Based on Luke 22:14–20

Now the Church does what Jesus told us to do. We gather together to celebrate the Mass. The priest consecrates bread and wine. They become the Body and Blood of Christ. This is the sacrament of the Eucharist. We also call the Body and Blood of Christ the **Blessed Sacrament.** Jesus is really present in the form of bread and wine of the Blessed Sacrament.

## Know Our Catholic Tradition

We keep the consecrated hosts, which is the Blessed Sacrament, in our church building in a special place called the tabernacle. At times, outside of Mass, we can visit Jesus in the Blessed Sacrament. We can talk to Jesus and spend quiet time with him. Sometimes our parishes also celebrate Benediction of the Blessed Sacrament, a time of prayer to Jesus outside of Mass.

# Pistas y mensaje

Rellena cada espacio en blanco para deletrear las respuestas correctamente. Cuando una línea tenga un número debajo, copia la letra en el recuadro de abajo, sobre el número correspondiente. Cuando hayas terminado verás que las letras que has transferido al recuadro deletrearán un título especial de Jesús. Una de las letras ya está escrita para ayudarte.

1. Durante la misa el vino se convierte en la __ __ __ __ __ __ de Jesús.
   (24, 3, 6)

2. El tercer sacramento de iniciación es la Sagrada __ __ __ __ __ __ __ __ __ __.
   (10, 26, 4)

3. Durante la misa el __ __ __ se convierte en el Cuerpo de Jesús.
   (2, 11)

4. Llamamos Santísimo __ __ __ __ __ __ __ __ __ __ al Cuerpo y Sangre de Jesús.
   (7, 12, 19, 27, 14, 9)

5. La Eucaristía nos da la gracia de ser __ __ __ __ __ __ __ __ fieles de la Iglesia.
   (15, 22, 25, 23)

6. Jesús tomó el pan y dijo: "Esto es mi __ __ __ __ __ __".
   (21, 13)

7. La Sagrada Eucaristía es el sacramento más __ __ __ __ __ __ __ __ __ __ de todos.
   (17, 18, 8, 20, 4, 16)

8. Jesús pidió a los apóstoles que __ __ __ __ __ __ __ n lo que él había hecho.
   (1, 5)

**Mensaje de Jesús:** "__ __ __ __ n __ __ __ __ __ __
1 2 3 4 5 6 7 8 9 10 11

__ __ __ __ __ __ __ __ __ __ __ __ __ __ __ __".
12 13 14 15 16 17 18 19 20 21 22 23 24 25 26 27

# Clues and Transfers

Fill in each blank below to spell correct answers. When a line has a number beneath it, transfer that letter to the blank marked with that number at the bottom of the page. When you are finished, the transfers will spell a message from Jesus. One letter has been filled in for you.

1. At Mass, the wine becomes Jesus' __ __ __ __ d.
   12 1

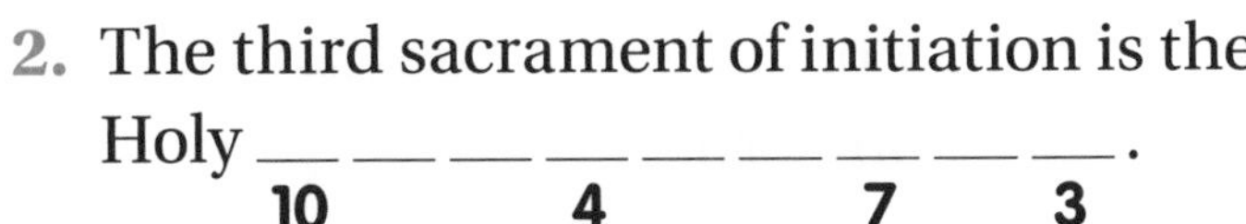

2. The third sacrament of initiation is the Holy __ __ __ __ __ __ __ __ __ .
   10 4 7 3

3. At Mass, the __ __ __ __ __ becomes Jesus' Body.
   16

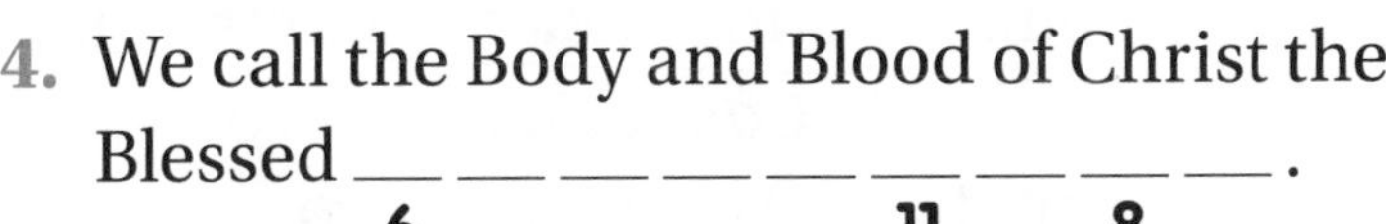

4. We call the Body and Blood of Christ the Blessed __ __ __ __ __ __ __ __ __ .
   6 11 8

5. The Eucharist gives us grace to be faithful __ __ __ __ __ __ __ of the Church.
   9 15

6. Jesus took the bread and said "This is my __ __ __ __ ."
   2 14

7. The Holy Eucharist is the most __ __ __ __ __ __ __ __ __ sacrament of all.
   5 13

**Jesus' Message:**

"D __ __ __ __ __ __ __ __ __ __ __ __ __ of __ __ ."
1 2 3 4 5 6 7 8 9 10 11 12 13 14 15 16

## Lección 14

# La misa

Celebramos el sacramento de la Eucaristía durante el santo sacrificio de la **misa.** Los católicos podemos celebrar la Eucaristía todos los días. Todos celebramos la Eucaristía una vez a la semana, el sábado por la noche o el domingo. ¿Te acuerdas lo que sucede durante la misa?

Comenzamos reuniéndonos todos. Un sacerdote siempre *preside* la misa. El sacerdote comienza la misa invitándonos a recordar nuestros pecados. Nos guía en una oración inicial.

La misa tiene dos partes. La primera es la **Liturgia de la Palabra.** Un lector o **proclamador** nos lee pasajes de la Biblia. El sacerdote o un diácono también lee de la Biblia; nos lee una historia de los Evangelios. Dios nos habla mediante estas lecturas. Nos encontramos con Jesús en la lectura del Evangelio. A continuación el padre nos habla acerca de las lecturas, da una *homilía.* Nos ponemos de pie para recitar el Credo, una declaración de nuestras creencias. Seguidamente oramos las *intercesiones,* con las que pedimos a Dios su ayuda y su *bendición.*

La segunda parte de la misa es la **Liturgia de la Eucaristía.** El sacerdote prepara el pan y el vino. Luego los **consagra** y se convierten en el Cuerpo y la Sangre de Cristo. Proclamamos nuestra fe en Jesús. Oramos el Padrenuestro, la oración que Jesús nos enseñó. Nos ofrecemos la paz. A continuación recibimos la *Sagrada Comunión.* El sacerdote, un diácono o *un ministro extraordinario de la Sagrada Comunión* nos da la Eucaristía.

Al terminar la misa el sacerdote nos bendice y nos envía. Durante cada misa uno o más *acólitos* o monaguillos ayudan al sacerdote. ¿Eres acólito? ¿Te gustaría serlo?

### Conoce nuestra fe católica

Durante la misa proclamamos la muerte y Resurrección de Jesús hasta que vuelva.

# The Mass

We celebrate the sacrament of the Eucharist at the holy sacrifice of the **Mass.** Catholics can celebrate the Eucharist every day. We all celebrate the Eucharist once a week, on Saturday evening or Sunday. Can you remember what happens during the Mass?

We begin by gathering together. A priest always *presides* at Mass. The priest begins the Mass by inviting us to call to mind our sins. He leads us in the Opening Prayer.

The Mass has two main parts. First comes the **Liturgy of the Word.** A **lector** reads to us from the Bible. The priest or deacon reads from the Bible, too—a story from one of the Gospels. In these readings, God speaks to us. We meet Jesus in the Gospel reading. Then, Father talks to us about the readings—he gives a *homily.* We stand up together to recite the Creed, a statement of our beliefs. Then we pray *intercessions,* asking God's help and *blessings.*

The second part of the Mass is the **Liturgy of the Eucharist.** The priest prepares the bread and wine. Then he **consecrates** them so they become the Body and Blood of Christ. We proclaim our faith in Jesus. We pray the Lord's Prayer that Jesus gave us. We offer each other a sign of peace. Then we receive the Eucharist, called *Holy Communion.* The priest, deacon, or an *Extraordinary Minister of Holy Communion* gives us the Eucharist.

At the end of the Mass, the priest blesses us and sends us forth. During each Mass, one or more *altar servers* help the priest. Are you an altar server? Would you like to be one?

## Know Our Catholic Belief

At Mass we proclaim the death and Resurrection of Jesus until he comes again.

Actividad 14

# Las partes de la misa

Decide qué oraciones o acciones de la lista del recuadro pertenecen a la Liturgia de la Palabra y cuáles a la Liturgia de la Eucaristía. Escribe cada una en la columna correspondiente. (¿Las puedes colocar en el orden correcto?)

**Oraciones y acciones de la misa**

**Recibimos la Sagrada Comunión.**
**Nos damos la paz.**
**El sacerdote consagra el pan y el vino.**
**El Credo**
**La homilía**
**Las intercesiones**
**Lectura de la Biblia**
**El Padrenuestro.**

| **Liturgia de la Palabra** | **Liturgia de la Eucaristía** |
|---|---|
| ______________________ | ______________________ |
| ______________________ | ______________________ |
| ______________________ | ______________________ |
| ______________________ | ______________________ |
| ______________________ | ______________________ |
| ______________________ | ______________________ |

# Parts of the Mass

Decide which prayers or actions listed below take place during the Liturgy of the Word and which take place during the Liturgy of the Eucharist. Write them in the correct column. (Can you put them in the correct order?)

**Mass Prayers and Actions**

| | |
|---|---|
| **We receive Holy Communion.** | **the homily** |
| **the Sign of Peace** | **intercessions** |
| **Father consecrates bread and wine.** | **Bible reading** |
| **the Creed** | **the Lord's Prayer** |

**Liturgy of the Word**

______________________

______________________

______________________

______________________

______________________

______________________

**Liturgy of the Eucharist**

______________________

______________________

______________________

______________________

______________________

______________________

# Símbolos sagrados de la misa

El sacerdote y otros ministros usan muchos objetos sagrados durante la misa.

El sacerdote consagra el pan y el vino sobre una mesa especial llamada **altar.** El altar nos recuerda que la misa es tanto una comida como un sacrificio.

El sacerdote usa un plato llamado **patena** y una copa llamada **cáliz.** Después de la misa el sacerdote deposita el Santísimo Sacramento en el **sagrario** o tabernáculo. Normalmente hay una vela especial en el santuario, colocada cerca del sagrario, que nos recuerda que Jesús está allí. Es la **lámpara del sagrario.**

El sacerdote, durante la misa, viste unas ropas especiales llamadas **vestiduras.** La túnica blanca se llama **alba.** El sacerdote también viste sobre los hombros una banda de tela de algún color llamada **estola.** Encima del alba el sacerdote viste algo que se parece a una capa, también de color, llamada **casulla.**

¿Te has dado cuenta de los *colores* que viste el sacerdote? El mantel del altar también puede que sea del mismo color.

El *verde* es el color del Tiempo Ordinario.

El *morado* es el color para los tiempos de Cuaresma y de Adviento.

El *blanco* es para los días de fiesta especiales.

El *rojo* es para los días de fiesta del Espíritu Santo o de los santos que murieron por la fe.

¿Qué color vestía el sacerdote el domingo o sábado de la semana pasada?

# Sacred Symbols at Mass

The priest and the other ministers at Mass use many sacred objects.

The priest consecrates the bread and wine at a special table called the **altar.** The altar reminds us that the Mass is both a meal and a sacrifice.

He uses a plate called a **paten** and a cup called a **chalice.** After Mass, he places the Blessed Sacrament in the **tabernacle.** A special **sanctuary lamp** is usually kept lit near the tabernacle to remind us Jesus is there.

The priest wears special clothes called **vestments** during the Mass. His long white robe is called an **alb.** He wears a colored strip of fabric called a **stole** over his shoulders. Over his alb, the priest wears a colored, cape-like garment, called a **chasuble.**

Have you noticed the *colors* the priest wears? The altar might have a cloth on it of the same color.

*Green* is the color for Ordinary Time.

*Violet* is for the seasons of Lent and Advent.

*White* is for special feast days.

*Red* is for feasts of the Holy Spirit or saints who died for their faith.

What color was the priest wearing last Saturday or Sunday?

sanctuary lamp

lámpara del sagrario

tabernacle

sagrario

# Palabras desordenadas

Mira el dibujo de esta página. Cada objeto sagrado tiene su nombre, pero las letras están desordenadas. ¿Puedes ordenarlas?

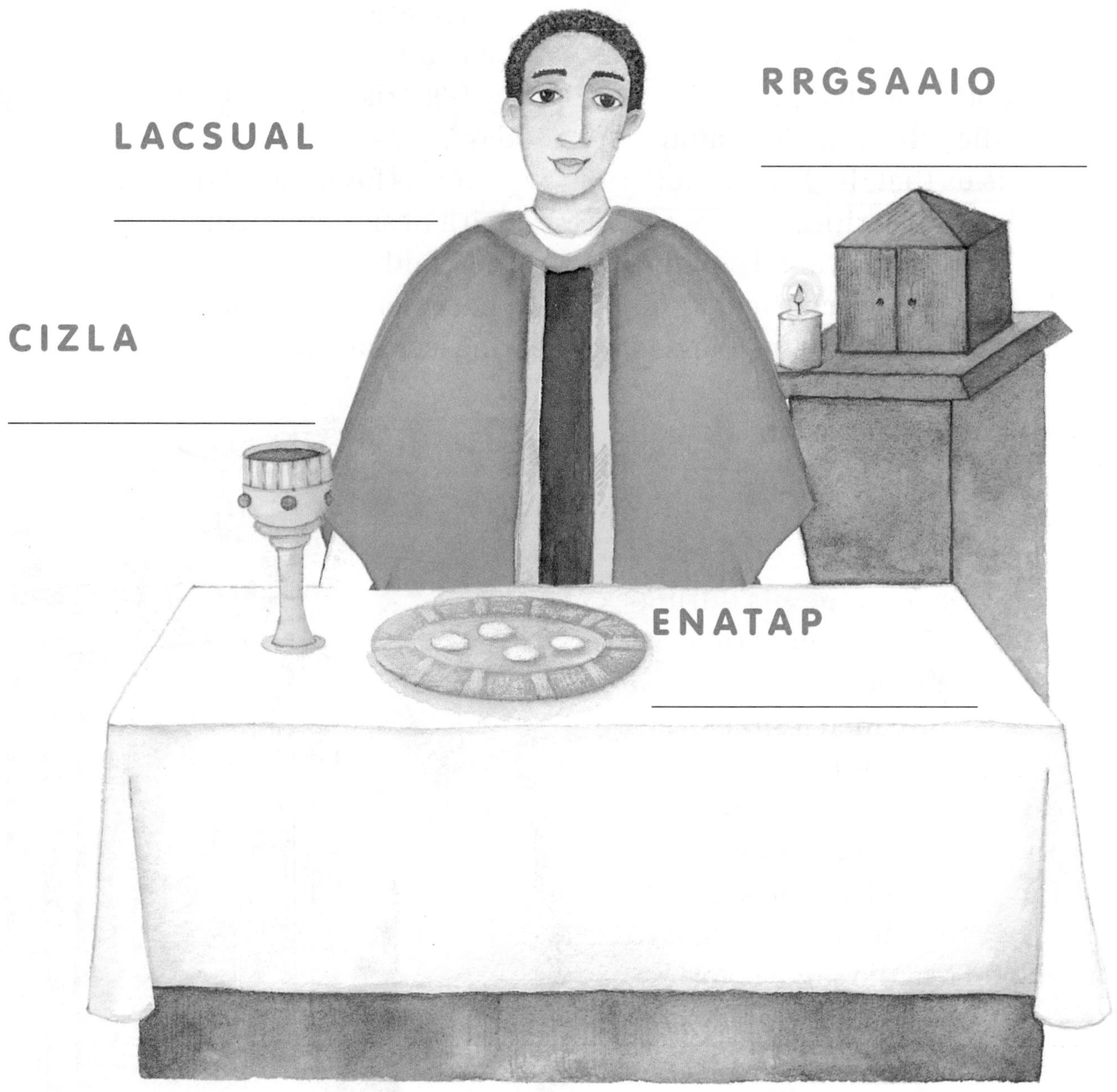


TALRA ____________

# Scrambled Words

Look at the picture below. Each sacred object is labeled, but the letters have gotten scrambled. Can you straighten things out?

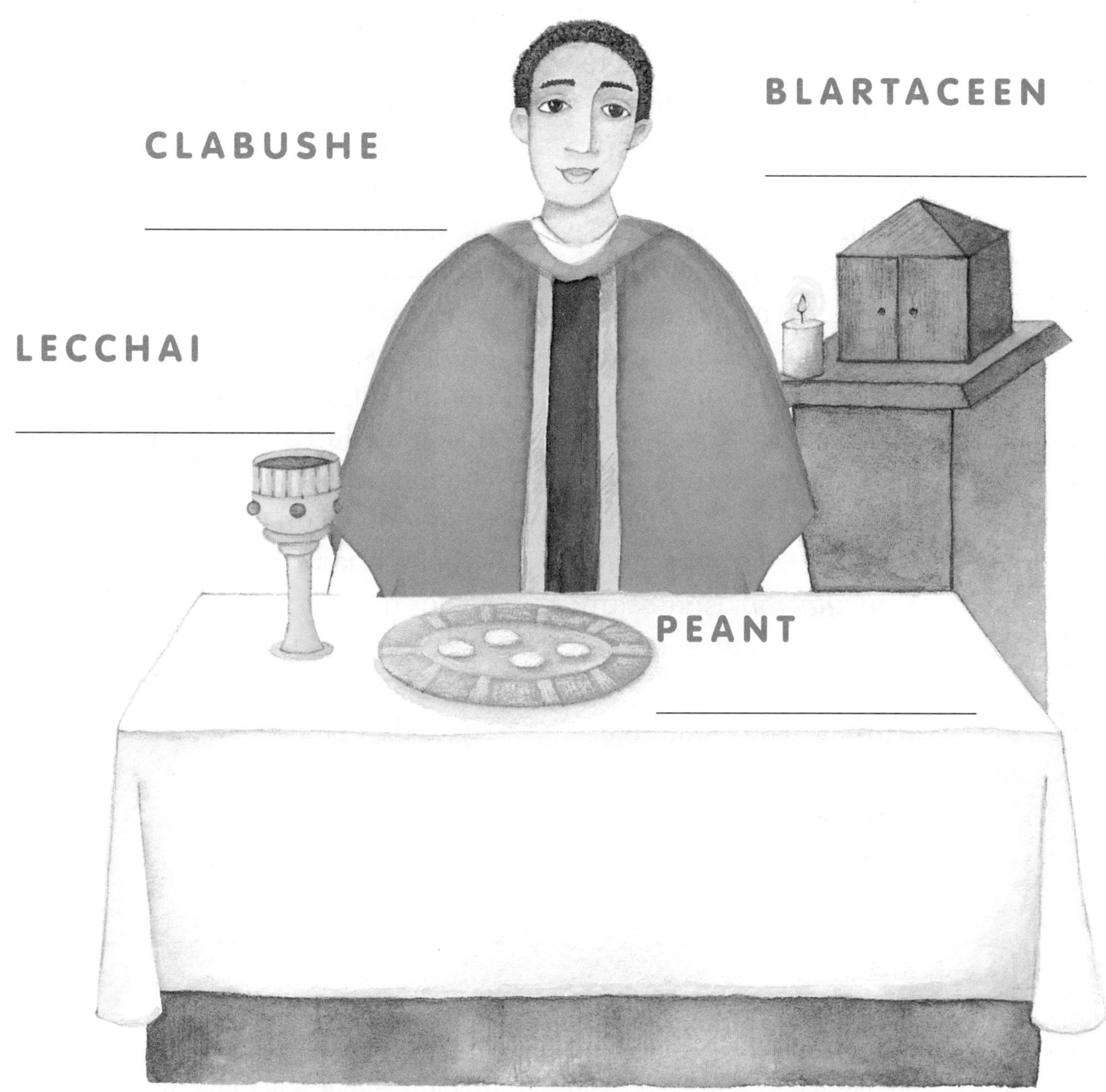


TALRA ____

# Los sacramentos de sanación

Cuando los pecadores se acercaban a Jesús para decirle que estaban arrepentidos, Jesús les decía: “Tus pecados te son perdonados”. Cuando los enfermos se acercaban a Jesús, él les decía: “Estás sanado”.

Jesús sabía lo difícil que es ser bueno. También sabía lo difícil que es estar enfermo o tener una discapacidad. Ahora Jesús resucitado está presente entre nosotros para sanarnos. Jesús nos ha dado dos **sacramentos de sanación.**

El primero es el *sacramento de la Reconciliación.* Confesamos nuestros pecados a un sacerdote. Recitamos una oración de arrepentimiento llamada **Acto de contrición.** Le pedimos a Dios que nos perdone y somos perdonados.

El segundo sacramento de sanación es la *Unción de los enfermos.* No es fácil estar enfermo. Cuando estamos enfermos o tenemos una discapacidad debemos dirigirnos a Dios y pedirle que nos ayude. Debemos confiar en que Dios escuchará nuestras oraciones.

Las personas que están muy enfermas, las que llevan mucho tiempo enfermas o tienen una discapacidad pueden recibir la Unción de enfermos. El sacerdote las bendice con un aceite sagrado y recita unas oraciones pidiéndole a Dios que las sane y les dé la paz. A veces el sacramento se celebra en la parroquia. A veces se celebra en la casa de la persona enferma o en el hospital. Este sacramento ayuda a los enfermos a encontrar la sanción y la paz interior.

## Conoce nuestra fe católica

En la carta del apóstol Santiago del Nuevo Testamento, leemos: “¿Hay algún enfermo entre vosotros? Debería llamar a los sacerdotes de la Iglesia y estos deberían orar sobre él, ungiéndolo con aceite en el nombre del Señor”.

Basado en Santiago 5:14–15

# Lesson 16

# Sacraments of Healing

When sinners came to Jesus to say they were sorry, Jesus said, "Your sins are forgiven." When people who were sick came to Jesus, he said, "Be healed!"

Jesus knows it is hard for us to be good. He also knows how hard it is to be ill or to have a disability. Now, the risen Jesus is among us to heal us. He has given us two **sacraments of healing.**

The first is the *sacrament of Reconciliation.* We confess our sins to a priest. We pray a prayer of sorrow called an **Act of Contrition.** We ask God to forgive us, and we are forgiven.

The second sacrament of healing is the *Anointing of the Sick.* It is not easy to be sick. When we are sick or when we have a disability, we need to turn to God and ask for help. We need to trust that God will hear our prayers for help.

People who are very ill, or have an illness that goes on for a long time, or have a disability can receive the Anointing of the Sick. The priest blesses them with holy oil and says prayers to ask God for healing and peace. Sometimes the sacrament is celebrated at a parish church. Sometimes it is celebrated in a person's home or in the hospital. This sacrament helps the sick person find healing and inner peace.

Jesus healed many sick people.

Jesús sanó a muchos enfermos.

## Know Our Catholic Belief

In the letter of Saint James in the New Testament, we read: "Is anyone among you sick? He should summon the priests of the church, and they should pray over him and anoint him with oil in the name of the Lord."

James 5:14–15

# Emparejando historias con los sacramentos

Lee cada historia de esta página y di qué sacramento de sanación —Reconciliación o Unción de los enfermos— ayudaría a cada persona. Escribe el nombre del sacramento en la línea junto al dibujo.

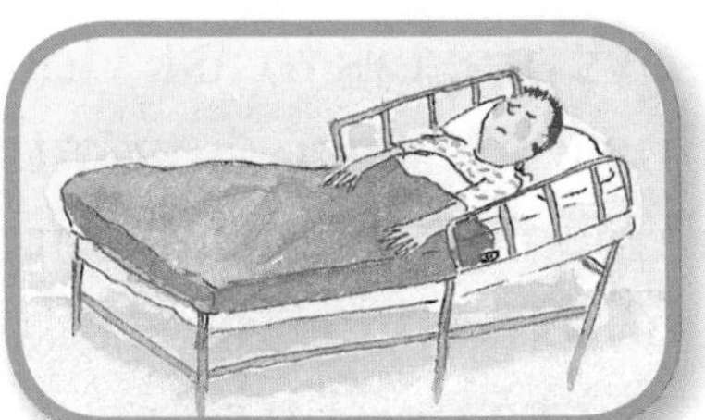

A Juan lo van a operar del corazón mañana.

1. ______________________________

Olivia mintió a su maestra acerca de sus tareas.

2. ______________________________

Federico y su hermanito tuvieron una pelea muy grande.

3. ______________________________

La señora Arroyo es muy viejita y ya no puede caminar.

4. ______________________________

Carlota tuvo un accidente de automóvil ayer por la noche y se hizo daño.

5. ______________________________

# Matching Stories with Sacraments

Read each story below and decide which sacrament of healing—Reconciliation or Anointing of the Sick—will help each person. Write the name of that sacrament on the line near the story.

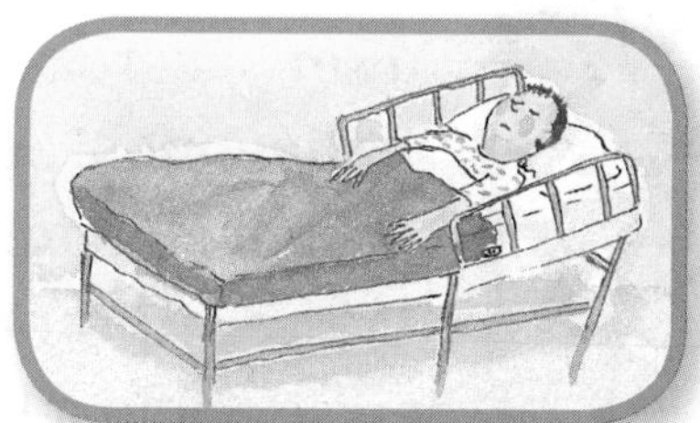

Juan is going to have an operation on his heart tomorrow.

1. ______________________________

Olivia lied to her teacher about her homework.

2. ______________________________

Federico and his little brother had a terrible fight.

3. ______________________________

Mrs. Arroyo is very old and cannot walk any longer.

4. ______________________________

Carlota was hurt in a car accident last night.

5. ______________________________

# Los sacramentos de servicio

¿Qué quieres ser cuando seas mayor? Sea lo que decidas hacer, Jesús y la Iglesia quieren que sirvas a los demás.

Jesús nos dio dos sacramentos que ayudan a la Iglesia al bendecir a algunas personas para unas tareas especiales. Estos son los **sacramentos de servicio** a la comunidad.

Uno de estos es el *sacramento del Orden sacerdotal*. Los hombres que están llamados a guiar a los demás miembros de la Iglesia pueden ser ordenados. Se ordenan para ser sacerdotes. Algunos de los sacerdotes se convierten en líderes de diócesis. Entonces estos sacerdotes son ordenados para ser obispos. Otros hombres que están llamados a servir de manera especial a la Iglesia también pueden ser ordenados. Se ordenan para ser diáconos. El obispo ordena a los hombres llamados a ser sacerdotes y diáconos. Se convierten en líderes y hombres en servicio a la Iglesia.

El otro sacramento de servicio es el *sacramento del Matrimonio.* Un hombre y una mujer celebran el Matrimonio si se aman mutuamente, quieren vivir juntos para siempre y quieren tener una familia. El hombre y la mujer intercambian sus votos frente a un sacerdote o diácono y miembros de la comunidad de la Iglesia. Al hacerlo se convierten en esposo y esposa.

Lesson 17

# Sacraments of Service

What do you want to be when you grow up? Whatever you do, Jesus and the Church want you to be of service to others.

Jesus gave us two sacraments that help the whole Church by blessing some people for special tasks. They are the **sacraments of service.**

One of these is the *sacrament of Holy Orders*. Men who are called to lead others in the Church can be ordained. They are ordained to be priests. Some priests become leaders of dioceses. These priests are then ordained to be bishops. Men who are called to be of special service to the Church can also be ordained. They are ordained to be deacons. A bishop ordains the men called to be priests and deacons. They become leaders and men of service in the Church.

The other sacrament of service is the *sacrament of Matrimony.* A man and a woman celebrate Matrimony if they love each other and want to live together for as long as they live and raise a family. They stand before a priest or deacon and members of the Church community and make vows to each other. They become husband and wife.

Actividad 17

# Crucigrama

Resuelve el crucigrama usando las pistas siguientes.

**Horizontal**

4. Un hombre y una mujer que están casados vivirán juntos y tendrán una _____ .
6. El Orden sacerdotal y el Matrimonio son ambos sacramentos de _____ .
7. Hombre ordenado para guiar una diócesis.
8. Uno de los sacramentos de servicio es el sacramento del Orden _____ .

**Vertical**

1. Un hombre y una mujer se intercambian votos en el sacramento del _____ .
2. Los hombres que reciben el Orden sacerdotal son _____ por el obispo.
3. Un obispo puede ordenar a un hombre para que sea _____ y guíe a otros en la Iglesia.
5. Cuando un hombre y una mujer se intercambian votos se convierten en _____ y esposa.

# Crossword Puzzle

Do the crossword puzzle using the following clues.

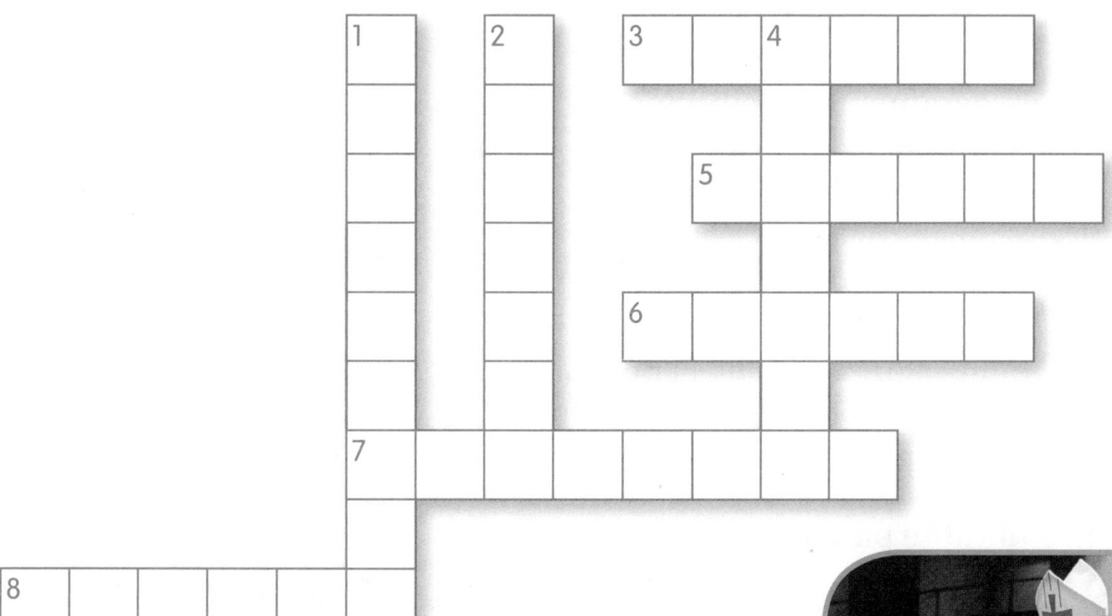

**Across**

3. Man ordained to lead a diocese.
5. One sacrament of service is Holy _____ .
6. A bishop can ordain a man to be a _____ and lead others in the Church.
7. Men who receive Holy Orders are _____ by a bishop.
8. A man and woman who are married will live together and raise a _____ .

**Down**

1. A man and woman make vows to each other in the sacrament of _____ .
2. When a man and woman make vows to each other they become _____ and wife.
4. Holy Orders and Matrimony are both sacraments of _____ .

# Repaso

Traza un círculo alrededor de la palabra o frase que mejor complete las siguientes frases:

1. En los sacramentos recibimos la gracia de Dios, que es _____ .
   - **a.** una oración para antes de las comidas
   - **b.** el pan y el vino
   - **c.** la propia vida de Dios

2. Los sacramentos de iniciación son _____ .
   - **a.** El Bautismo, la Confirmación y la Eucaristía
   - **b.** El Bautismo y la Confirmación
   - **c.** El Matrimonio y el Orden sacerdotal

3. Otro nombre para la Eucaristía es _____ .
   - **a.** sagrario
   - **b.** Santísimo Sacramento
   - **c.** pueblo de Dios

4. La primera parte de la misa es _____ .
   - **a.** la Liturgia de la Palabra
   - **b.** la Liturgia de la Eucaristía
   - **c.** la homilía

5. En los sacramentos de la Reconciliación y de la Unción de enfermos, Jesús _____ .
   - **a.** nos sana
   - **b.** nos alimenta
   - **c.** se enoja con nosotros

6. Un hombre que está llamado a ser líder en la Iglesia puede recibir el sacramento de _____ .
   - **a.** la Unción de enfermos
   - **b.** del Orden sacerdotal
   - **c.** del Matrimonio

7. En el sacramento del Matrimonio un hombre y una mujer toman votos para ser _____ .
   - **a.** esposo y esposa
   - **b.** amigos
   - **c.** buenos trabajadores

# Review

Circle the word or phrase that best completes each sentence below.

1. In the sacraments we receive grace, which is _____ .
   a. a prayer before meals  b. bread and wine  c. God's own life

2. The sacraments of initiation are _____ .
   a. Baptism, Confirmation, and Eucharist  b. Baptism and Confirmation  c. Matrimony and Holy Orders

3. Another name for the Eucharist is _____ .
   a. the tabernacle  b. the Blessed Sacrament  c. the people of God

4. The first main part of the Mass is _____ .
   a. the Liturgy of the Word  b. the Liturgy of the Eucharist  c. the homily

5. In the sacraments of Reconciliation and Anointing of the Sick, Jesus _____ .
   a. gives us healing  b. feeds us  c. is angry at us

6. A man who is called to be a leader in the Church can receive _____ .
   a. Anointing of the Sick  b. Holy Orders  c. Matrimony

7. In the sacrament of Matrimony a man and woman make vows to be _____ .
   a. husband and wife  b. friends  c. good workers

Sección Tres

# Vivimos nuestra vida en Cristo

No es suficiente el creer y el celebrar. ¡Los católicos debemos vivir nuestra fe!

Debemos conocer y cumplir los dos Mandamientos Principales del amor de Dios. Amamos a Dios, a los demás y a nosotros mismos cuando cumplimos los Diez Mandamientos.

Al leer estas páginas y completar estas actividades aprenderás acerca de cómo elegir entre lo que está bien y lo que está mal. Aprenderás más acerca de los Diez Mandamientos.

# We Live Our Life in Christ

It is not enough to believe and celebrate. We Catholics must live our faith!

We must know and keep God's two great laws of love. We love God, other people, and ourselves by keeping the Ten Commandments.

As you read these pages and complete these activities, you will learn about choosing between right and wrong. You will learn more about the Ten Commandments.

# ¿Bien o mal?

A veces es fácil saber cuál es la decisión buena o correcta que tenemos que tomar. ¡Pero a veces es difícil! ¿Cómo puedes saber si algo está bien o está mal? A veces sabes cual es la diferencia en tu interior. Dios nos ha dado a cada uno de nosotros una **conciencia.** Tu conciencia es como una voz interior que te deja saber si algo está bien o está mal. Es tu capacidad de decidir si una acción o una cosa es buena o mala.

Cuando eliges hacer algo bueno es posible que se te haga *más fácil* hacer cosas buenas. Hacer el bien incluso se puede convertir en un hábito. Hay un nombre especial para un *hábito bueno.* Un hábito bueno es una *virtud.* ¿Cuáles son algunas de tus virtudes? ¿Qué cosas buenas haces a menudo?

Las cosas malas que hacemos se llaman **pecados.** Tú ya sabes que un pecado es *alejarse del amor de Dios.* Pecar es elegir hacer el mal en lugar de elegir amar.

Algunos pecados son tan malos que nos separan completamente de la vida y del amor de Dios. Los pecados así de serios se llaman **pecados mortales.** Cometer este tipo de pecado tan serio significaría que hemos elegido vivir ¡sin Dios!

Los pecados menos serios se llaman **pecados veniales.** Los pecados veniales son malos y debemos pedirle a Dios que nos perdone, aunque no nos separen completamente de Dios. Pero ¡ten cuidado! Los pecados veniales te pueden debilitar. Pueden hacer que te resulte más difícil decir "no" a otros pecados más serios.

# Right or Wrong?

Sometimes it is easy to know the right thing to do. But sometimes it is hard! How can you tell if something is right or wrong? Sometimes you know the difference deep inside yourself. God has given each of us a **conscience.** Your conscience is like a voice inside you that lets you know if something is right or wrong. It is your ability to decide if an action or thing is good or bad.

When you choose to do good things, it can become *easier* to do good things. Doing good can even become a habit. There is a name for a *good habit.* It is called a *virtue.* What are some of your virtues? What good things do you often do?

We call the bad things we do **sins.** You already know that sin is *turning away from God's love.* Sin is choosing to do wrong instead of choosing to love.

Some sins are so bad that they cut us off from God's life and love. Such a serious sin is called a **mortal sin.** Committing such a serious sin would mean choosing to live without God!

Less serious sins are called **venial sins.** Venial sins are wrong and we must ask God to forgive us, although they do not cut us off from God. But be careful! Venial sins can make us weak. They can make it hard to say "no" to more serious sins.

# ¿Virtud o pecado? Identifícalos en los dibujos

Mira los dibujos de esta página. Decide si cada niño está realizando una virtud o cometiendo un pecado. Escribe la respuesta correcta en la línea correspondiente.

1. ______________________

2. ______________________

3. ______________________

4. ______________________

5. ______________________

6. ______________________

# Virtue or Sin? Deciding from Pictures

Look at the pictures of the children below. Decide if each child is performing a virtue or a sin and write the correct word on the line.

1. ______________________

2. ______________________

3. ______________________

4. ______________________

5. ______________________

6. ______________________

# Ofreciendo culto a Dios

Los tres primeros mandamientos de los **Diez Mandamientos** nos dicen cómo amar y honrar a Dios. El Tercer Mandamiento dice: *Acuérdate de santificar el Día del Señor.*

Otro nombre para el Día del Señor es **sabbat.** En el Antiguo Testamento leemos cómo Dios, después de haber trabajado durante seis días creando el mundo, descansó el séptimo día. Dios pidió a su pueblo que reservaran el séptimo día para ofrecerle culto y descansar.

Leemos en el Nuevo Testamento que Jesús resucitó de entre los muertos un domingo por la mañana. Por eso, los cristianos de todo el mundo llaman **domingo** al Día del Señor.

Vamos a misa todos los domingos (o el sábado anterior por la noche). Es un día para ¡descansar y pasar en familia! Cuando hacemos eso los domingos estamos ofreciendo culto y honrando a Dios.

## Conoce nuestra tradición católica

Hay otros días especiales que también tenemos que celebrar como días santos. A estos días los llamamos *días de precepto*. Vamos a misa los siguientes días:

- 1 de enero: Fiesta de María, Madre de Dios
- Cuarenta días después de la Pascua de Resurrección: Fiesta de la Ascensión de Jesús
- 15 de agosto: Fiesta de la Asunción de la Virgen María
- 1 de noviembre: Día de todos los santos
- 8 de diciembre: Fiesta de la Inmaculada Concepción de María
- 25 de diciembre: Fiesta del nacimiento de Jesús

# Lesson 19

# Worshiping God

The first three of the **Ten Commandments** tell us how to love and honor God. The Third Commandment says *Remember to keep holy the Lord's Day.*

Another name for the Lord's Day is the **Sabbath.** We read in the Old Testament that after God worked for six days creating the world, he rested on the seventh day. God told his people he wanted them to set aside the seventh day as a day for worship and for rest.

We read in the New Testament that Jesus rose from the dead on a Sunday morning. So Christians everywhere call **Sunday** the Lord's Day.

We go to Mass each Sunday (or the Saturday evening before). It is a day for resting and being with your family! We worship and honor God when we spend Sundays in this way.

## Know Our Catholic Tradition

There are some other special days that we must keep holy. They are called *holy days of obligation*. We go to Mass on these days:

- January 1: Feast of Mary, the Mother of God
- Forty days after Easter: Feast of the Ascension of Jesus
- August 15: Feast of Mary's Assumption
- November 1: Feast of All Saints
- December 8: Feast of Mary's Immaculate Conception
- December 25: Feast of the Birth of Jesus

Actividad 19

# Un calendario

Usa el calendario de esta pagina para describir algunas de las cosas que haces cada día de la semana. En la línea superior escribe el nombre del mes que quieras y escribe los días correspondientes en los recuadros chiquitos. Marca cualquier día de fiesta o día especial que tenga lugar el mes que has elegido. En los recuadros del domingo escribe qué harás para hacer santo el Día del Señor.

| Lunes | Martes | Miércoles | Jueves | Viernes | Sábado | Domingo |
|---|---|---|---|---|---|---|
| | | | | | | |
| | | | | | | |
| | | | | | | |
| | | | | | | |
| | | | | | | |

# A Calendar

Use the calendar below to describe some things you do each day of the week. At the top, fill in the name of any month you like and place the dates on the calendar correctly. Mark any holidays or special days that happen in the month you have chosen. For each Sunday on this calendar, write ways you will make the Lord's Day holy.

_______________

| Monday | Tuesday | Wednesday | Thursday | Friday | Saturday | Sunday |
| --- | --- | --- | --- | --- | --- | --- |
| | | | | | | |
| | | | | | | |
| | | | | | | |
| | | | | | | |
| | | | | | | |

# Lección 20

# ¿Quién está encargado?

¿Te acuerdas del Cuarto Mandamiento? Dice: *Honrarás a tu padre y a tu madre.*

Esto quiere decir que, después de Dios, las primeras personas a quienes deberíamos amar y honrar son nuestros padres y madres. ¡Así de importantes es cómo piensa Dios que son nuestros padres!

Jesús, cuando vivió en la tierra, tenía una madre, María, y un padre adoptivo, José. Jesús cumplió el Cuarto Mandamiento. Jesús obedeció a sus padres. Nosotros también obedecemos a nuestros padres.

Cuando nos hagamos mayores, y nuestros padres envejezcan, seguiremos amándolos y, si necesitan ayuda, los cuidaremos.

Pero, ¿qué otras personas están también encargadas? Hay otras personas a las que también tenemos que obedecer. Cuando obedecemos a los que se encargan de nosotros estamos cumpliendo el Cuarto Mandamiento.

En la escuela obedecemos a los maestros y a otros adultos. Obedecemos a los entrenadores y a las niñeras que nos cuidan.

También obedecemos las leyes de nuestro estado y del país. Esta es otra manera como la gente de todas las edades cumplen el Cuarto Mandamiento.

### Conoce nuestra fe católica

"Jesús fue con sus padres a Nazaret y los obedecía".

Basado en Lucas 2:51

# Who Is in Charge?

Do you remember the Fourth Commandment? It says *Honor your father and your mother.*

This means that, after God, the first people we should love and honor are our moms and dads. That's how important God thinks parents are!

When Jesus lived on earth, he had a mother, Mary, and a foster father, Joseph. Jesus kept the Fourth Commandment. Jesus obeyed his parents. We obey our parents, too.

When we and our parents are older, we continue to love them, and if they need help, we take care of them.

But who else is in charge? There are other people we obey. When we obey those who are in charge of us, we are keeping the Fourth Commandment.

At school, we obey teachers and other leaders. We obey Scout leaders, coaches, and babysitters.

We obey the laws of our state and country, too. This is another way people of all ages keep the Fourth Commandment.

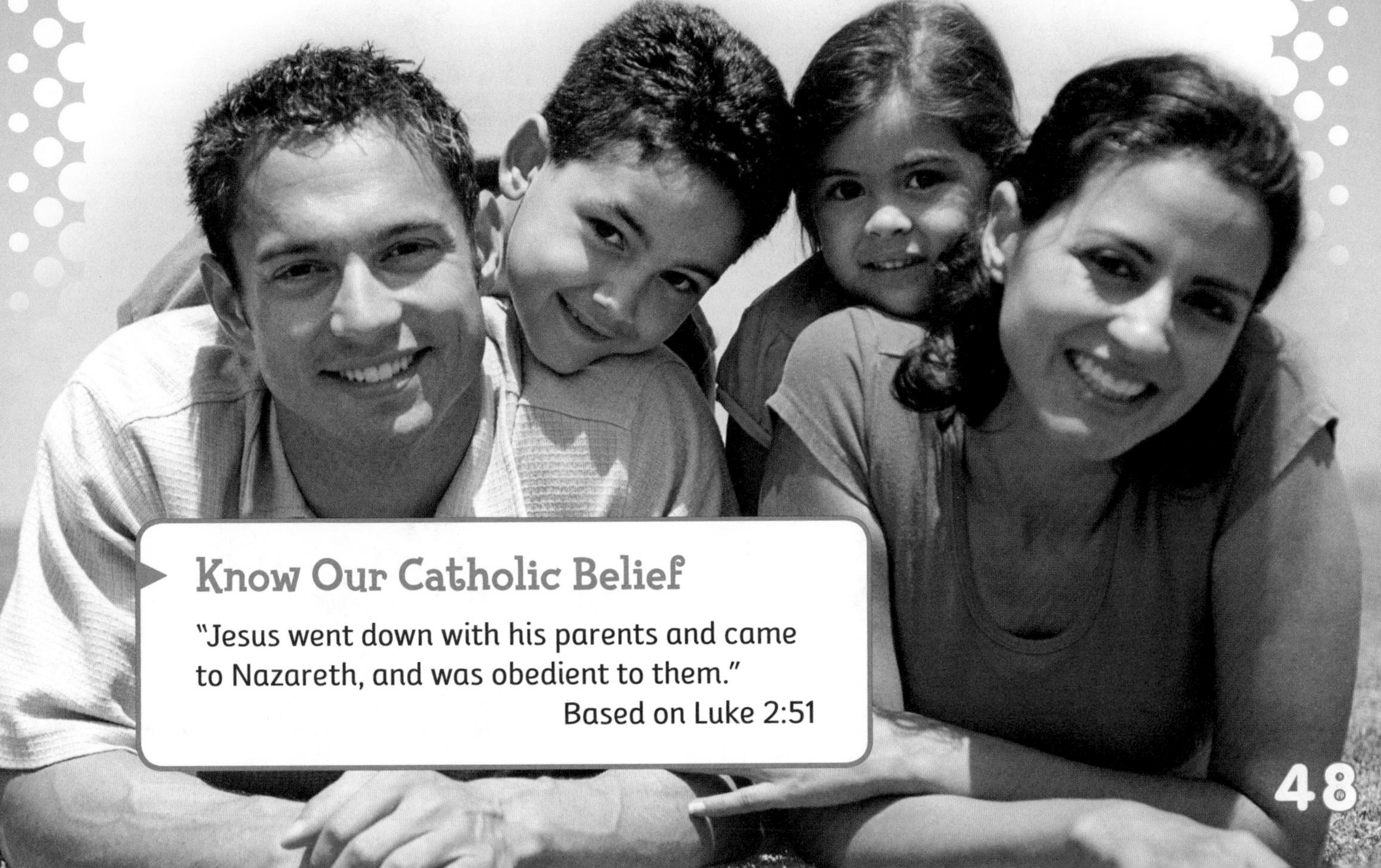

## Know Our Catholic Belief

"Jesus went down with his parents and came to Nazareth, and was obedient to them."

Based on Luke 2:51

# Emparejando a líderes con sus funciones

Cada persona de esta página está encargada de alguna forma de otras personas. ¿Puedes emparejar las personas encargadas, en la columna izquierda, con las personas a las que tienen que cuidar, en la columna derecha? Dibuja una línea para unir cada pareja.

# Matching Leaders with Their Roles or Tasks

Each person below is in charge of other people in some way. Can you match the people with the signs of how they are in charge? Draw lines from each person on the left to the correct people or objects on the right.

# Reverencia por la vida

Hay tres mandamientos que nos dicen cómo deberíamos cuidar de nuestra vida y de nuestro cuerpo. El Quinto Mandamiento dice: *No matarás.* El Sexto Mandamiento dice: *No cometerás actos impuros.* El Noveno Mandamiento dice: *No codiciarás la mujer de tu prójimo.*

Dios no ha dado a cada uno el *don de la vida.* Nunca hacemos algo que hiera la vida de otra persona o que se la quite. Protegemos toda la vida. Sólo Dios decide cuando alguien va a morir.

¡Tampoco hacemos algo que nos vaya a herir a nosotros mismos! Cuidamos de nuestros cuerpos: comemos alimentos sanos, vestimos ropas de abrigo, dormimos lo suficiente por la noche, etcétera. No dañamos nuestro cuerpo ni con drogas ni fumando. Guardamos el Quinto Mandamiento cuando cuidamos de la vida, la nuestra y la de los demás.

Dios nos dio a cada uno un cuerpo. Algunos de nosotros somos hombres y otros mujeres. Cada uno de nosotros, hombres y mujeres, somos muy especiales. Las partes masculinas y femeninas de nuestro cuerpo son algo muy privado. Nadie nos debería tocar de una manera incorrecta. Nosotros nunca deberíamos tocar o mirar el cuerpo de alguien de una manera incorrecta. Guardamos el Sexto y el Noveno Mandamientos cuando respetamos a todas las personas, hombres y mujeres.

## Conoce nuestra fe católica

En el Antiguo Testamento leemos que Dios dijo: "Hoy les ofrezco la muerte y la vida . . . ¡Elijan la vida!".

Basado en Deuteronomio 30:19

# Lesson 21

# Reverence for Life

There are three commandments that tell us how we should care about our lives and our bodies. The Fifth Commandment says *You shall not kill.* The Sixth Commandment says *You shall not commit adultery.* The Ninth Commandment says *You shall not covet your neighbor's wife.*

God has given each of us the *gift of life.* We never do anything to harm someone's life or to take someone's life. We protect all life. Only God decides when someone is to die.

We never do anything to harm ourselves, either! We take care of our bodies—eat good foods, wear warm clothes, get enough sleep at night. We do not harm our bodies with drugs or smoking. We keep the Fifth Commandment when we care for all life—our own and others'.

God gave each of us a body. Some of us are female. Some of us are male. Each of us, male and female, is very special. The male and female parts of our bodies are very private. No one should touch us in a wrong way. We should never touch or look at other people's bodies in a wrong way. We keep the Sixth and Ninth Commandments when we respect each person, male and female.

## Know Our Catholic Belief

In the Old Testament, we read that the Lord said, "I set before you today death and life . . . Choose life!"

Based on Deuteronomy 30:19

# Pistas y mensaje

Rellena cada espacio en blanco para deletrear las respuestas correctamente. Cuando una línea tenga un número debajo, copia la letra en el recuadro de abajo sobre el número correspondiente. Cuando hayas terminado, verás que las letras que has transferido al recuadro deletrearán un título especial de Jesús. Una de las letras ya está escrita para ayudarte.

1. El Quinto Mandamiento dice: No __ __ __ __ __ __ __ .
   (9, 4, 2)

2. Sólo __ __ __ __ decide cuando alguien morirá.
   (12, 11)

3. Podemos cuidar de nuestra vida comiendo alimentos sanos,

   durmiendo lo suficiente y vistiendo __ __ __ __ de abrigo.
   (3, 1)

4. Dios creó nuestros cuerpos de hombre y de __ __ __ e __ .
   (5)

5. Cumplimos el Sexto y el Noveno Mandamientos cuando

   __ __ __ __ __ __ __ __ __ __ a todas las personas.
   (7, 13)

6. Guardamos el Quinto Mandamiento cuando cuidamos

   de la __ __ __ __ .
   (10)

7. No debemos dañar nuestro cuerpo ni con __ __ __ __ __ __ ni fumando.
   (6)

8. Todos, hombres y mujeres, somos muy

   __ __ __ __ __ __ __ __ __ __ __ .
   (8)

| 1 | 2 | 3 | 4 | 5 | 6 | 7 |
|---|---|---|---|---|---|---|
| __ | __ | __ | __ | e | __ | __ |

| 8 | 9 | | 10 | 11 | 12 | 13 |
|---|---|---|---|---|---|---|
| __ | __ | | __ | __ | __ | __ |

# Clues and Transfers

Fill in each blank below with the correct answers. When a line has a number beneath it, transfer that letter to the blank marked with that number at the bottom of the page. When you are finished, the transfers will spell a special message. One letter has been filled in for you.

1. The Fifth Commandment says You shall not ___ ___ ___ ___.
   (12, 9, 10)

2. ___ ___ ___ decides when someone will die.
   (3)

3. We can take care of our own life by eating good food, getting enough sleep, and and wearing warm ___ ___ ___ ___ ___ ___ ___.
   (6, 11, 4)

4. God made our bodies male and ___ ___ ___ a ___ ___.
   (13, 8, 5)

5. We keep the Sixth and Ninth Commandments when we ___ ___ ___ ___ ___ ___ ___ each person.
   (2, 14, 1, 7)

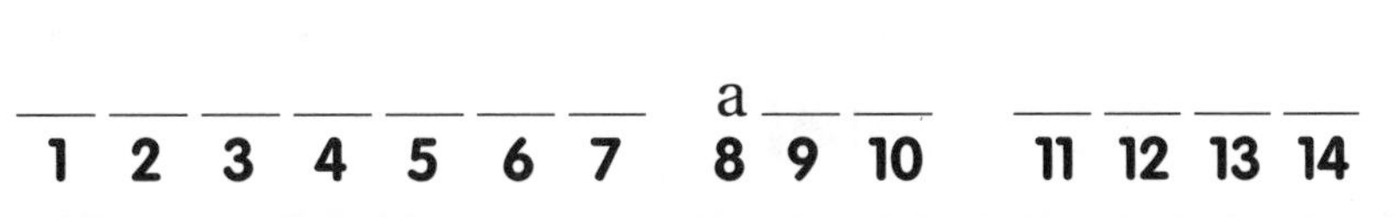

___ ___ ___ ___ ___ ___ ___ a ___ ___ ___ ___ ___ ___

1 2 3 4 5 6 7 8 9 10 11 12 13 14

# La honestidad y la verdad

Hay tres mandamientos que nos dicen cómo ser honestos en lo que hacemos y decimos.

El Séptimo Mandamiento dice: *No robarás.* El Octavo Mandamiento dice: N*o darás falso testimonio contra tu prójimo.* El Décimo Mandamiento dice: N*o codiciarás las cosas que pertenecen a tu prójimo.*

Cuando somos *honestos* podemos vivir en paz con los demás. ¿Cómo tratamos las cosas que pertenecen a otras personas? El Séptimo Mandamiento nos dice que no debemos tomar las cosas que pertenecen a otras personas salvo que nos las den. No podemos llevarnos algo de una tienda sin pagar. Tampoco podemos dañar las cosas que pertenecen a otra persona.

El Décimo Mandamiento nos dice que no debemos tener envidia de los demás. No debemos ser infelices cuando no tenemos lo que tienen los demás.

El Octavo Mandamiento nos dice que no debemos decir mentiras acerca de los demás. También nos dice que no digamos cosas malas acerca de ellos. También debemos decir la verdad acerca de las cosas que hacemos, incluso si nos resulta difícil decirla.

Es más fácil vivir con otras personas cuando todos somos honestos. Vivimos en paz en nuestras casas, en la escuela y en la comunidad cuando las personas respetan las cosas de los demás y siempre dicen la verdad.

## Conoce nuestra fe católica

Jesús dijo: " . . . Conocerán la verdad y la verdad los hará libres".

Basado en Juan 8:32

# Honesty and Truth

There are three commandments that tell us how to be honest in what we do and say.

The Seventh Commandment says *You shall not steal.* The Eighth Commandment says *You shall not bear false witness against your neighbor.* The Tenth Commandment says *You shall not covet anything that belongs to your neighbor.*

We can live in peace with others when we are *honest.* How do we treat things that belong to others? The Seventh Commandment tells us we may not take what belongs to someone else unless it is given to us. We cannot take things from a store without paying for them. It also tells us we may not damage others' property.

The Tenth Commandment tells us we may not have envy about something another person owns. This means we should not be unhappy because we do not have it ourselves.

The Eighth Commandment tells us not to lie about people. It also tells us not to say unkind things about them. We also tell the truth about the things we have done, even when it is hard to do so.

When everyone is honest, it is easier to live together. We have peace in our homes, classrooms, and communities when people respect each other's property and always tell the truth.

## Know Our Catholic Belief

Jesus said, " . . . you will know the truth, and the truth will make you free."

John 8:32

Actividad 22

# Una respuesta escondida

¿Cómo podemos vivir en paz? Encontrarás la respuesta escondida en la sopa de letras de esta página. Sigue las instrucciones cuidadosamente y descubrirás un mensaje escondido.

J S Q L E M F

L R M D J Q H

O L D Q A A N

M E C J L M S

Q T J L A D A

O M C F J S M

1. Tacha todas las C´s.
2. Tacha todas las F´s.
3. Tacha todas las D´s.
4. Tacha todas las M´s.
5. Tacha todas las J´s.
6. Tacha todas las Q´s.
7. Tacha todas las L´s.
8. Tacha todas las A´s.

Escribe en las líneas del recuadro las letras, en orden, que NO has tachado.

¿Cómo podemos vivir en paz?

Tenemos que ___ ___ ___   ___ ___ ___ ___ ___ ___ ___ ___.

# A Hidden Answer

How can we live together in peace? You will find the answer hidden in the letter grid below. Follow the directions below the grid carefully and you will reveal the hidden message.

| | | | | | | |
|---|---|---|---|---|---|---|
| R | B | Q | L | C | M | F |
| L | R | M | E | J | Q | H |
| O | L | R | Q | A | A | N |
| M | A | C | J | L | M | R |
| Q | E | J | L | A | R | A |
| S | M | C | F | J | T | M |

1. Cross out all the C's.
2. Cross out all the F's.
3. Cross out all the R's.
4. Cross out all the M's.
5. Cross out all the J's.
6. Cross out all the Q's.
7. Cross out all the L's.
8. Cross out all the A's.

On the lines below, write in order the letters that have NOT been crossed out.

How can we live together in peace?

We must __ __ __ __ __ __ __ __ __.

# Repaso

Empareja las frases de la columna A con las palabras o frases de la columna B. Escribe la letra correspondiente de la columna B en el espacio en blanco de la columna A.

**Columna A**

_____ **1.** Te ayuda a decidir si una acción es buena o mala

_____ **2.** Es un hábito bueno

_____ **3.** Un pecado que nos aleja completamente de Dios

_____ **4.** Un pecado menos serio

_____ **5.** El Día del Señor

_____ **6.** Cómo santificar el domingo

_____ **7.** Las personas a las que deberíamos amar y honrar primero

_____ **8.** Cómo cumplir el Quinto Mandamiento

_____ **9.** Cómo cumplir el Sexto y el Noveno Mandamientos

_____ **10.** Lo que nos ayuda a hacer la honestidad

_____ **11.** Una manera de cumplir el Séptimo Mandamiento

_____ **12.** Una manera de cumplir el Octavo Mandamiento

**Columna B**

**a.** **El sabbat**

**b.** **Ir a misa**

**c.** **Decir la verdad**

**d.** **La conciencia**

**e.** **Vivir juntos en paz**

**f.** **Mortal**

**g.** **Cuidar las cosas de los demás**

**h.** **Virtud**

**i.** **Venial**

**j.** **Nuestros padres**

**k.** **Proteger toda la vida**

**l.** **Respetar a todas las personas, hombres y mujeres**

# Review

Match the phrases in Column A with the words or phrases in Column B by writing the correct letter from B on the blanks in A.

**Column A**

_____ 1. Helps you decide if an action is right or wrong

_____ 2. A good habit

_____ 3. A sin that cuts us off from God

_____ 4. Less serious sins

_____ 5. The Lord's Day

_____ 6. How to keep Sunday holy

_____ 7. The first people we should love and honor

_____ 8. How to keep the Fifth Commandment

_____ 9. How to keep the Sixth and Ninth Commandments

_____ 10. What honesty helps us do

_____ 11. A way to keep the Seventh Commandment

_____ 12. A way to keep the Eighth Commandment

**Column B**

a. The Sabbath

b. Go to Mass

c. Tell the truth

d. Conscience

e. Live together in peace

f. Mortal

g. Take care of people's property

h. Virtue

i. Venial

j. Our parents

k. Protect all life

l. Respect each person, male and female

Sección Cuatro

# Los católicos oramos

Hay muchas maneras diferentes de orar. Nosotros, los católicos, tenemos muchas oraciones que recitamos juntos.

Tú ya sabes algunas de estas oraciones.

Este libro tiene más oraciones que te puedes aprender.

En esta sección aprenderás acerca de personas que nos ayudan a orar y de santos que son modelos de oración.

Estudiarás el Credo de los Apóstoles y una oración especial dirigida a la Virgen María llamada el Rosario.

Section Four

# We Catholics Pray

There are many ways to pray. We Catholics have many prayers we pray together.

You already know some of them. This book contains more prayers you can learn.

In this section, you will learn about prayer helpers and saints who are models of prayer. You will study the Apostles' Creed and a special prayer to Mary called the Rosary.

# Oramos todos los días

¿Qué día de la semana oran los católicos? ¡Nosotros, los católicos, oramos todos los días! Podemos ir a una iglesia a orar.

También podemos orar en nuestra casa. Podemos orar cuando estamos de viaje.

Podemos orar cuando trabajamos o cuando estamos jugando. Dios está con nosotros en todos los lugares y a todas horas. ¡Podemos hablar con Dios en todos los lugares y a todas horas!

Cuando hablamos con Dios estamos *orando.* ¿Cuándo te gusta orar?

Le damos gracias a Dios cuando nos sentamos a comer. Le pedimos a Dios que nos ayude con las tareas de la escuela. Le decimos a Dios que lo amamos. Le pedimos a Dios que cuide de otras personas.

Comenzamos cada día recitando una oración por la mañana. Terminamos cada día recitando una oración por la noche.

## Conoce nuestra tradición católica

Apréndete esta oración de la mañana:

En el nombre del Padre y del Hijo y del Espíritu Santo. Amén.

Te doy gracias, Dios mío, por haberme creado, redimido, hecho cristiano y conservado la vida. Te ofrezco mis pensamientos, palabras y obras de este día. No permitas que te ofenda y dame fortaleza para huir de las ocasiones de pecar. Haz que crezca mi amor hacia ti y hacia los demás. Amén.

Lesson 23

# We Pray Every Day

On what day do Catholics pray? We Catholics pray every day! We can go to a church building to pray.

We also pray at home. We can pray while we are traveling. We can pray when we work or when we play. God is with us everywhere and all the time. We can talk to God anywhere and anytime!

When we talk to God, we *pray.* When do you like to pray?

We thank God when we eat our meals. We ask God to help us with schoolwork. We tell God we love him. We ask God to take care of people.

We start each day with a prayer in the morning. We end each day with a prayer at night.

## Know Our Catholic Tradition

Learn the Morning Offering:
O Jesus, through the Immaculate Heart of Mary, I offer you my prayers, works, joys, and sufferings of this day in union with the holy sacrifice of the Mass throughout the world. I offer them for all the intentions of your Sacred Heart. Amen.

# Escribir oraciones para diferentes situaciones

Mira las actividades que están haciendo los niños de las fotos. Escribe dos oraciones, una para cada foto, que los niños podrían recitar a Dios.

Querido Dios,
por favor, ayuda a mi familia a estar segura.

Ayúdanos a ______________________________

______________________________

______________________________

Querido Jesús,
por favor, ayúdame a

______________________________

______________________________

______________________________

______________________________

# Writing Prayers for Different Situations

For each activity you see the children in the photographs doing, write a prayer they could say.

Dear God, please keep our family safe.

Help us ______________________________

______________________________

______________________________

Dear Jesus, please help

______________________________

______________________________

______________________________

______________________________

# Modelos de oración

Las personas que vivieron unas vidas muy santas viven ahora con Dios en el **cielo.** Estas personas son los **santos.** A los santos, cuando vivían en la tierra, les gustaba mucho orar. Algunos santos incluso enseñaron a otras personas a orar. ¡En el cielo los santos siguen orando! Están todo el tiempo con Dios. Alaban a Dios y le piden que nos ayude a todos nosotros que todavía estamos en la tierra.

Nosotros, los católicos, oramos a los santos. Les pedimos que hablen con Dios por nosotros y por todo el mundo.

¿Quién te enseña a cómo orar? Quizá alguien de tu familia te enseñe. Quizá tu mamá, tu papá o un abuelito guíe a toda tu familia en la oración. En la iglesia los sacerdotes y los diáconos nos guían en la oración. Nuestros maestros de religión o los catequistas nos enseñan a orar y nos guían en la oración.

## Conoce nuestra tradición católica

Quizá uno de tus nombres sea el nombre de un santo o esté basado en el nombre de un santo. A estos santos los llamamos **santos patronos.** Pregúntale a alguien de tu familia o a un amigo más mayor que tú que te ayude a encontrar información acerca de tu santo patrón. Algunos santos son los patrones de distintas ocupaciones o trabajos especiales. San José era un carpintero y por eso es hoy el santo patrón de los carpinteros. Santa Cecilia era música y por eso es hoy la santa patrona de los músicos.

# Prayer Models

People who lived very holy lives on earth now live with God in **heaven.** They are **saints.** When the saints were on earth, they loved to pray. Some saints even taught other people how to pray. In heaven, the saints still pray! They are with God all the time now. They praise God, and they ask God to help all of us who are still on earth.

We Catholics pray to the saints. We ask them to speak to God for us and for the whole world.

Who teaches you how to pray? Someone in your family might teach you. Your mom or dad or a grandparent might lead your whole family in prayer. At church, priests and deacons lead us in prayer. Our religion teachers, or catechists, teach us to pray and lead us in prayer.

## Know Our Catholic Tradition

You probably have one or two names that are the names of saints or are taken from the names of saints. Those saints are called your **patron saints**. Ask someone in your family or an older friend to help you find out about your patron saint. Some saints are the patrons of special jobs. Saint Joseph was a carpenter, so he is the patron saint of carpenters now. Saint Cecilia was a musician, so she is the patron saint of musicians.

## Actividad 24

# Oraciones desordenadas

Susana quiere enseñar a su hermanita, Lisa, a orar. Susana escribió en tarjetas las palabras de algunas oraciones. Ayúdala a poner en orden las tarjetas de las oraciones.

Señor eres te el llena de gracia María salve Dios contigo es

_______________

_______________

Padre tu sea en santificado que estás nuestro cielo el nombre

_______________

_______________

hoy cada Danos de día nuestro pan

_______________

_______________

# Scrambled Prayers

Susan wants to teach her little sister, Lisa, how to pray. She put some prayer words on cards. Help Susan unscramble the prayer cards.

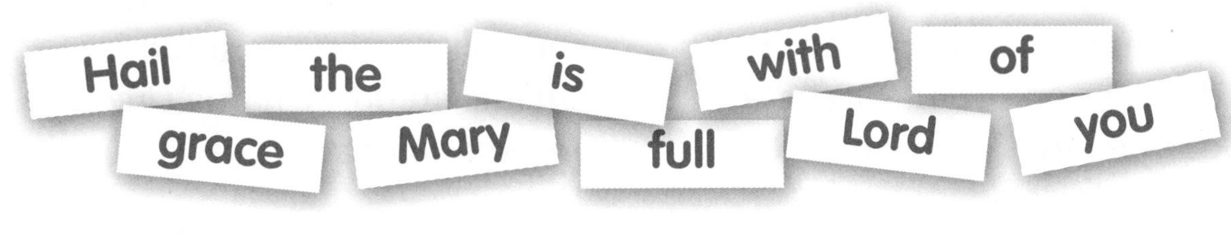


_______________________________________________

_______________________________________________

_______________________________________________

_______________________________________________

_______________________________________________

_______________________________________________

# El Credo de los Apóstoles

Los católicos a veces oramos el **Credo.** Un credo es una declaración de lo que creemos. También se le llama *profesión de fe.*

Cuando recitamos un credo decimos en voz alta las cosas que creemos acerca de Dios y de la Iglesia.

Los primeros cristianos de la Iglesia primitiva, después de que Jesús ascendió al cielo, quisieron decir a todo el mundo qué es lo que ellos creían. Hoy en día todavía seguimos orando ese mismo credo. Se llama *Credo de los Apóstoles:*

Creo en Dios, Padre Todopoderoso,
**Creador** del cielo y de la tierra.
Creo en **Jesucristo,** su único Hijo, nuestro Señor,
que fue concebido por obra y gracia
del Espíritu Santo,
nació de Santa María Virgen,
padeció bajo el poder de Poncio Pilato,
fue crucificado, muerto y sepultado,
descendió a los infiernos,
al tercer día resucitó de entre los muertos,
subió a los cielos y está sentado
a la derecha de Dios, Padre Todopoderoso.
Desde allí ha de venir a juzgar
a vivos y muertos.
Creo en el Espíritu Santo,
la santa Iglesia católica,
la comunión de los santos,
el perdón de los pecados,
la resurrección de la carne
y la vida eterna. Amén.

## Lesson 25

# The Apostles' Creed

Sometimes we Catholics pray a **creed.** A creed is a statement of what we believe. It is also called a *profession of faith.*

When we recite a creed, we say aloud the things we believe about God and the Church.

In the early Church, after Jesus ascended into heaven, the first Christians wanted to tell everyone what they believed. We still pray this same creed today. It is called the *Apostles' Creed:*

I believe in God, the Father almighty,
**creator** of heaven and earth.
I believe in **Jesus Christ,** his only Son, our Lord.
He was conceived by the power of
the Holy Spirit
and born of the Virgin Mary.
He suffered under Pontius Pilate,
was crucified, died, and was buried.
He descended to the dead.
On the third day he rose again.
He ascended into heaven,
and is seated at the right hand of the Father.
He will come again to judge the living
and the dead.
I believe in the Holy Spirit,
the holy catholic Church,
the communion of saints,
the forgiveness of sins,
the resurrection of the body,
and life everlasting. Amen.

# Sopa de letras

Complete cada frase usando una de las palabras escondidas en esta sopa de letras.

| | | | | | | | | |
|---|---|---|---|---|---|---|---|---|
| A | C | A | T | O | L | I | C | A |
| L | C | I | E | L | O | S | G | T |
| T | M | V | R | O | P | C | H | X |
| A | R | W | C | I | H | B | F | J |
| M | P | L | E | Y | O | C | P | U |
| A | Q | Y | R | Z | V | R | C | Z |
| R | W | T | C | R | E | E | R | G |
| I | L | P | L | X | C | D | M | A |
| A | P | I | L | A | T | 0 | K | R |

**Pistas**

1. Recitamos el Credo en voz _____ .
2. Decimos: "_____ en Dios, Padre Todopoderoso".
3. Creemos en la santa Iglesia _____ .
4. Una declaración de lo que creemos es un _____ .
5. Jesús subió a los _____ .
6. Jesús vendrá a _____ a vivos y muertos.
7. Creemos que Jesús nació de la Virgen _____ .
8. Jesús sufrió bajo el poder de Poncio _____ .
9. Jesús resucitó al _____ día.

# Word Search

Complete each statement below with a word hidden in the box.

| | | | | | | | | |
|---|---|---|---|---|---|---|---|---|
| A | D | N | E | W | P | Y | H | Y |
| L | G | T | T | O | C | C | F | G |
| O | P | H | H | E | A | V | E | N |
| U | P | I | L | A | T | E | X | J |
| D | M | R | Y | I | H | C | R | U |
| M | R | D | Z | V | O | R | M | D |
| A | P | O | S | T | L | E | S | G |
| R | O | B | E | L | I | E | V | E |
| Y | L | P | L | X | C | D | K | H |

**Clues**

1. We say the Creed _____ .
2. We say, "I _____ in God, the Father almighty."
3. We believe in the holy _____ Church.
4. A statement of what we believe is a _____ .
5. Jesus ascended into _____ .
6. Jesus will come again to _____ the living and the dead.
7. We believe Jesus was born of the Virgin _____ .
8. Jesus suffered under Pontius _____ .
9. Jesus rose again on the _____ day.

Lección 26

# El Rosario

Los católicos recitamos una oración especial a la Virgen María que se llama *el Rosario.* A veces oramos el Rosario con otras personas. Otras veces lo oramos solos. Usamos las cuentas del rosario para marcar las oraciones del Rosario. Cada vez que tocamos una cuenta, oramos una oración. Recitamos el Credo de los Apóstoles cuando tocamos el crucifijo del rosario. Cuando tocamos las cuentas grandes oramos un Padrenuestro. Cuando tocamos las cuentas chiquitas oramos un Avemaría. Las cuentas grandes separan grupos de diez cuentas chiquitas. Llamamos *décadas* a cada uno de estos grupos de diez cuentas chiquitas. Al terminar cada década, oramos la Doxología.

Mientras recitamos las oraciones reflexionamos acerca de una historia de la vida de Jesús y de María. A estas historias las llamamos misterios. Hay veinte misterios del Rosario: cinco gozosos, cinco luminosos, cinco dolorosos y cinco gloriosos.

**Misterios gozosos**

La encarnación del Hijo de Dios.
La visitación de Nuestra Señora.
El nacimiento del Hijo de Dios.
La Presentación de Jesús en el templo.
El Niño Jesús perdido y hallado en el templo.

**Misterios luminosos**

El Bautismo de Jesús en el Jordán.
Las bodas de Caná.
El anuncio del Reino de Dios.
La Transfiguración.
La Institución de la Eucaristía.

**Misterios dolorosos**

La Oración de Jesús en el Huerto.
La Flagelación del Señor.
La Coronación de espinas.
Jesús con la Cruz a cuestas camino del Calvario.
La Crucifixión y Muerte de Nuestro Señor.

**Misterios gloriosos**

La Resurrección del Hijo de Dios.
La Ascensión del Señor a los Cielos.
La Venida del Espíritu Santo.
La Asunción de Nuestra Señora a los Cielos.
La Coronación de la Santísima Virgen.

# Lesson 26

# The Rosary

Catholics pray a special prayer to Mary called the Rosary. Sometimes we pray the *Rosary* aloud with others; sometimes we pray it alone. We use rosary beads to mark the prayers of the Rosary. As we touch each bead, we say a prayer. We pray the Apostles' Creed while we touch the crucifix on the rosary. On each large bead, we pray the Lord's Prayer. On each small bead, we pray the Hail Mary. The large beads separate each group of ten small beads. We call each group of ten beads a *decade.* At the end of each decade, we pray the Doxology.

While we pray the prayers, we also think about a story from the lives of Jesus and Mary. We call these stories mysteries. There are twenty mysteries of the Rosary. Five are joyful, five are luminous, five are sorrowful, and five are glorious mysteries.

**Joyful Mysteries**
The Annunciation
The Visitation
The Birth of Jesus
The Presentation of Jesus in the Temple
The Finding of Jesus in the Temple

**Luminous Mysteries**
Jesus' Baptism
The Wedding Feast at Cana
Proclamation of the Kingdom
The Transfiguration
The Institution of the Eucharist

**Sorrowful Mysteries**
The Agony in the Garden
The Scourging at the Pillar
The Crowning with Thorns
The Carrying of the Cross
The Crucifixion and Death of Jesus

**Glorious Mysteries**
The Resurrection
The Ascension
The Descent of the Holy Spirit
The Assumption of Mary into Heaven
Mary's Coronation

# Dibujando misterios del Rosario

Cada misterio del Rosario cuenta una historia de la vida de Jesús y de María.

Elije un grupo de misterios —gozoso, luminoso, doloroso o glorioso— y haz un dibujo de una de las historias de ese misterio en el centro del rosario de esta página.

# Drawing Mysteries of the Rosary

Each different mystery of the Rosary tells a story about Jesus or Mary.

Select one group of mysteries—joyful, luminous, sorrowful, or glorious—and draw a picture of a story from that mystery within the circle made by the rosary.

# Repaso

Traza un círculo alrededor de la palabra o frase que mejor complete cada una de las siguientes oraciones:

1. Los católicos oran ________ .
   a. sólo los domingos b. sólo en la iglesia c. todos los días

2. Las personas que ahora viven con Dios en el cielo se llaman ________ .
   a. santos b. católicos c. sacerdotes

3. Oramos a los santos ________ .
   a. porque son dioses. b. para pedirles que hablen a Dios por nosotros. c. porque Dios está muy ocupado para escucharnos.

4. A los santos, cuando vivían en la tierra, les gustaba mucho ________ .
   a. trabajar b. orar c. dormir

5. Oramos el Credo ________ .
   a. para declarar lo que creemos b. para pedir ayuda c. para fanfarronear

6. Los credos declaran lo que creemos acerca de ________ .
   a. la ciencia b. nosotros mismos c. Dios y de la Iglesia

7. El santo más importante es ________ .
   a. la Virgen María b. san José c. san Patricio

8. Usamos las cuentas del rosario para ________ .
   a. decorar b. vestirnos c. marcar las oraciones que recitamos

9. Al orar el Rosario reflexionamos acerca de historias de la vida de Jesús y de María llamadas ________ .
   a. misterios b. Evangelios c. parábolas

10. Jesús nos dio a María para que ella sea nuestra ________ .
    a. estatua b. guardiana c. madre

# Review

Circle the word or phrase that best completes each sentence below.

1. Catholics pray ________ .
   a. only on Sundays  b. only in church  c. every day

2. People who now live with God in heaven are called ________ .
   a. saints  b. Catholics  c. priests

3. We pray to the saints ________ .
   a. because they are gods  b. to ask them to speak to God for us  c. because God is too busy to hear us

4. When the saints were on earth, they loved to ________ .
   a. work  b. pray  c. sleep

5. We pray the Creed ________ .
   a. to state what we believe  b. to ask for help  c. to brag

6. Creeds tell what we believe ________ .
   a. about science  b. about ourselves  c. about God and the Church

7. The greatest saint is ________ .
   a. Mary  b. Joseph  c. Patrick

8. We use rosary beads to ________ .
   a. decorate  b. dress up  c. mark the prayers we say

9. While we pray the Rosary, we think about stories from the lives of Jesus and Mary called ________ .
   a. mysteries  b. gospels  c. parables

10. Jesus gave us Mary to be our ________ .
    a. statue  b. guard  c. mother

# Glosario

**Acto de contrición** Oración de arrepentimiento por los pecados. [Act of Contrition]

**Adviento** Las cuatro semanas anteriores a la Navidad. [Advent]

**alba** Túnica blanca que viste el sacerdote o el diácono. [alb]

**altar** Mesa especial sobre la que se celebra la misa. [altar]

**ángeles** Espíritus creados por Dios para que vivan en el cielo y sean mensajeros y guardianes. [angels]

**Antiguo Testamento** La primera sección de la Biblia, que contiene 46 libros acerca del pueblo de Dios y de cómo Dios lo guió y cuidó de él. [Old Testament]

**apostólico** Relativo a los apóstoles. La Iglesia es apostólica porque contamos a los demás acerca de Jesús tal y como lo hicieron los apóstoles. [apostolic]

**Bautismo** El primer sacramento. Al derramar aguas sobre una persona esta se convierte en hijo de Dios, en miembro de la Iglesia y es liberado del pecado original. [Baptism]

**Biblia** Colección de libros que son la Palabra de Dios. La Biblia se divide en el Antiguo Testamento y el Nuevo Testamento. [Bible]

**cáliz** La copa especial que contiene el vino que se convierte en la Sangre de Cristo. [chalice]

**casulla** Vestidura exterior, parecida a una capa, que viste el sacerdote durante la misa. [chasuble]

**catequista** Persona que enseña religión y que nos ayuda a crecer en la fe. [catechist]

**católico** Universal, es decir, que tiene lugar en todo el mundo. [catholic]

**cielo** Lugar donde la felicidad es perfecta y en donde podemos vivir con Dios después de morir. [heaven]

**conciencia** El poder interior que tenemos cada uno de nosotros para saber lo que está bien y lo que está mal. [conscience]

# Glossary

**Act of Contrition** A prayer of sorrow for sins. [Acto de contrición]

**Advent** The four-week season when we prepare for Christmas. [Adviento]

**alb** A white robe worn by a priest or deacon. [alba]

**altar** A special table where Mass is celebrated. [altar]

**angels** The spirits made by God to live in heaven and to be messengers and guardians. [ángeles]

**Anointing of the Sick** The sacrament in which Jesus strengthens us when we are sick. [Unción de los enfermos]

**apostolic** Following the way of the apostles. The Church is apostolic because we tell others about Jesus like the apostles did. [apostólico]

**Baptism** The first sacrament, a sacrament of initiation. Water is poured and a person becomes a child of God, a member of the Church, and is freed from original sin. [Bautismo]

**Bible** A collection of books that are the Word of God. The Bible is divided into the Old Testament and New Testament. [Biblia]

**bishop** A priest who receives Holy Orders so he can lead a diocese of the Church. [obispo]

**Blessed Sacrament** Another name for the Eucharist, the Body and Blood of Christ. [Santísimo Sacramento]

**catechist** A person who teaches religion and helps us grow in faith. [catequista]

**catholic** Universal, that is, happening everywhere. [católico]

**chalice** The special cup that holds the wine that is the Blood of Christ. [cáliz]

**chasuble** An outer, colored, capelike vestment worn by the priest at Mass. [casulla]

**Christ** Another name for Jesus, the Son of God. [Cristo]

**Christmas** The birthday of Jesus. [Navidad]

**Confirmación** Sacramento mediante el cual Jesús nos da los dones del Espíritu Santo. [Confirmation]

**consagrar** Cuando el sacerdote ora las palabras que transforman el pan y el vino en el Cuerpo y la Sangre de Cristo. [consecrate]

**Creador** Dios es el creador del cielo y de la tierra. [Creator]

**Credo** Declaración de lo que creemos. [creed]

**Cristo** Otro nombre que recibe Jesús, el Hijo de Dios. [Christ]

**Cuaresma** El tiempo litúrgico con el que recordamos cómo Jesús murió en la cruz. [Lent]

**diácono** Hombre ordenado mediante el sacramento del Orden sacerdotal para prestar un servicio especial a la Iglesia. [deacon]

**Diez Mandamientos** Las leyes o reglas que nos enseñan cómo amar a Dios y a los demás. [Ten Commandments]

**diócesis** Conjunto de parroquias de un área determinada bajo el liderazgo de un obispo. [diocese]

**domingo** El Día del Señor. El domingo es especial porque Jesús resucitó de entre los muertos un domingo. [Sunday]

**Domingo de Pentecostés** El día en que el Espíritu Santo descendió sobre los apóstoles. Es el "cumpleaños" de la Iglesia. [Pentecost Sunday]

**doce apóstoles** Los doce hombres que fueron los seguidores más íntimos de Jesús. [Twelve Apostles]

**estola** Cinta de tela que el sacerdote viste sobre los hombros durante la misa. [stole]

**Espíritu Santo** La tercera persona de la Santísima Trinidad. El Espíritu Santo es Dios. [Holy Spirit]

**Eucaristía** El sacramento durante el cual el pan y el vino se convierten en el Cuerpo y la Sangre de Jesucristo. [Eucharist]

**Church** The people of God who follow Jesus. The Church is one, holy, catholic, and apostolic. [Iglesia]

**Confirmation** The sacrament in which Jesus makes us strong in the gifts of the Holy Spirit. [Confirmación]

**conscience** The power inside each person to know what is right and what is wrong. [conciencia]

**consecrate** When a priest prays the words that change the bread and wine into the Body and Blood of Christ. [consagrar]

**Creator** The maker. God is the Creator of heaven and earth. [Creador]

**creed** A statement of what we believe. [Credo]

**deacon** A man ordained to Holy Orders to be of special service to the Church. [diácono]

**diocese** A group of parishes in one area, led by a bishop. [diócesis]

**Easter** The day Jesus rose from the dead. [Pascua]

**Eucharist** The blessing of bread and wine that becomes the Body and Blood of Jesus Christ. [Eucaristía]

**Father** The First Person in the Holy Trinity. The Father is God. [Padre]

**Gospels** The four books of the New Testament (Matthew, Mark, Luke, and John) that tell the story of Jesus' life. [Evangelios]

**grace** God's life in us. [gracia]

**heaven** A place of perfect happiness where we can live with God after we die. [cielo]

**holy** Full of grace. [santo]

**Holy Orders** The sacrament in which Jesus gives the Church bishops, priests, and deacons. [Sacramento del orden sacerdotal]

**evangelios** Los cuatro libros del Nuevo Testamento (Mateo, Marcos, Lucas y Juan) que narran la historia de la vida de Jesús. [gospels]

**gracia** La vida de Dios en nuestra alma. [grace]

**Hijo** La segunda persona de la Santísima Trinidad. El Hijo es Dios. Jesús es el Hijo de Dios. [Son]

**Iglesia** El pueblo de Dios que sigue a Jesús. La Iglesia es una, santa, católica y apostólica. [Church]

**Jesucristo** El Hijo de Dios. [Jesus Christ]

**lámpara del santuario** Lámpara o vela que está siempre encendida cerca del sagrario o tabernáculo de la iglesia. [sanctuary lamp]

**Liturgia de la Eucaristía** La segunda parte de la misa, durante la cual el pan y el vino se convierten en el Cuerpo y la Sangre de Cristo. [Liturgy of the Eucharist]

**Liturgia de la Palabra** La primera parte de la misa, durante la cual se nos proclaman las Sagradas Escrituras. [Liturgy of the Word]

**Matrimonio** Sacramento mediante el cual un hombre y una mujer se convierten en esposo y esposa. [Matrimony]

**milagro** Obra realizada solamente a través del poder de Dios. El mayor milagro de Jesús fue su resurrección de entre los muertos. [miracle]

**misa** Nuestra celebración del banquete y sacrificio especiales durante la cual el pan y el vino se convierte en el Cuerpo y la Sangre de Jesucristo. [mass]

**Navidad** El día del nacimiento de Jesús. [Christmas]

**Nuevo Testamento** La segunda sección de la Biblia, que contiene 27 libros acerca de Jesús y de su Iglesia. [New Testament]

**obispo** Sacerdote que recibe el sacramento del Orden Sacerdotal para guiar a una diócesis de la Iglesia. [bishop]

**Holy Spirit** The Third Person in the Holy Trinity. The Holy Spirit is God. [Espíritu Santo]

**Holy Trinity** The name of the three persons in one God—the Father, the Son, and the Holy Spirit. [Santísima Trinidad]

**Jesus Christ** The Son of God. [Jesucristo]

**lector** A person who reads the Word of God from Scripture to the assembly. [proclamador]

**Lent** Forty days before Easter, when we remember how Jesus died on the cross. [Cuaresma]

**Liturgy of the Eucharist** The second part of the Mass, when the bread and wine become the Body and Blood of Christ. [Liturgia de la Eucaristía]

**Liturgy of the Word** The first part of the Mass, when the words of Scripture are read to us. [Liturgia de la Palabra]

**Mass** Our celebration of the special meal and sacrifice when bread and wine become the Body and Blood of Jesus Christ. [misa]

**Matrimony** The sacrament in which a man and a woman become husband and wife in Jesus Christ. [matrimonio]

**miracle** An action done only through God's power. Jesus' greatest miracle was his rising from the dead. [milagro]

**mortal sin** A very serious sin that cuts us off from God's life. [pecado mortal]

**New Testament** The second section of the Bible that contains 27 books written about Jesus and his Church. [Nuevo Testamento]

**Old Testament** The first section of the Bible, with 46 books about God's chosen people. [Antiguo Testamento]

**original sin** Adam and Eve did not obey God. Because of their sin, each person is born into original sin. [pecado original]

**Padre** Dios Padre es la tercera persona de la Santísima Trinidad. [Father]

**papa** La cabeza de la Iglesia extendida por toda la tierra. [pope]

**párroco** Sacerdote que lidera una parroquia. [pastor]

**parroquia** Comunidad de creyentes católicos que se reúnen para ofrecer culto a Dios y a aprender. [parish]

**Pascua** El día en que Jesús resucitó de entre los muertos. [Easter]

**patena** Plato especial donde se coloca el pan que se usa durante la misa. [paten]

**pecado mortal** Un pecado muy serio que nos aleja completamente de la vida de Dios. [mortal sin]

**pecado original** El primer pecado cometido, cuando Adán y Eva no obedecieron a Dios. Cada persona nace con este pecado. [original sin]

**pecado venial** Un pecado menos serio que no nos aleja completamente de la vida de Dios pero que nos debilita espiritualmente. [venial sin]

**pecar** Alejarse de amor de Dios. [sin]

**proclamador** Persona que lee a la congregación la Palabra de Dios tomada de las Sagradas Escrituras. [lector]

**Reconciliación** El sacramento mediante el cual Jesús nos perdona los pecados. [Reconciliation]

**Resurrección** El momento cuando Dios resucitó a Jesús de entre los muertos, tres días después de su muerte en la cruz. [Resurrection]

**revelar** Hacer que algo se sepa. Dios se revela a sí mismo haciendo que nosotros lo podamos conocer. [reveal]

**sacerdote** El hombre que ha recibido el sacramento del Orden Sacerdotal para celebrar la misa, perdonar los pecados y servir a la Iglesia como maestro y líder. [priest]

**parish** A community of Catholic believers who gather to worship and learn. [parroquia]

**pastor** A priest who is the leader of a parish. [párroco]

**paten** The plate where the bread of the Eucharist is placed at Mass. [patena]

**patron saint** A saint for whom someone is named or a saint who is prayed to for special reasons. [santo patrón]

**Pentecost Sunday** The day the Holy Spirit came upon the apostles. The "birthday of the Church." [domingo de Pentecostés]

**pope** The head of the Church on earth all over the world. [papa]

**priest** A man ordained to Holy Orders to celebrate Mass, forgive sins, and serve the Church as a teacher and leader. [sacerdote]

**Reconciliation** The sacrament in which Jesus forgives sins. [Reconciliación]

**Resurrection** The moment when God raised Jesus from among the dead, three days after his death on the cross. [Resurrección]

**reveal** Let something be known. God reveals himself by letting us know about him. [revelar]

**Sabbath** The Lord's Day, the seventh day when God rested after creating the world. [Shabat]

**sacrament** A sign of God's love, given to the Church by Jesus and in which he gives us grace. [sacramento]

**Sacraments of Healing** The two sacraments in which Jesus brings us healing: Reconciliation and Anointing of the Sick. [Sacramentos de sanación]

**Sacraments of Initiation** The three sacraments in which we become members of the Church: Baptism, Confirmation, and Eucharist. [Sacramentos de iniciación]

**sacramento** Signo del amor de Dios que Jesús ha dado a la Iglesia para que esta pueda recibir la gracia de Dios. [sacrament]

**Sacramentos de iniciación** Los tres sacramentos mediante los cuales nos convertimos en miembros de la Iglesia: los sacramentos del Bautismo, de la Confirmación y de la Eucaristía. [Sacraments of Initiation]

**Sacramentos de sanación** Los dos sacramentos mediante los cuales Jesús nos sana: los sacramentos de la Reconciliación y de la Unción de los enfermos. [Sacraments of Healing]

**Sacramentos de servicio a la comunidad** Los dos sacramentos mediante los cuales Jesús bendice a personas para que lleven a cabo tareas especiales: los sacramentos del Orden sacerdotal y del Matrimonio. [Sacraments of Service]

**Sacramento del orden sacerdotal** Sacramento mediante el cual la Iglesia recibe obispos, sacerdotes y diáconos. [Holy Orders]

**sagrario** El armario especial donde se guarda el Cuerpo de Cristo. También se le llama tabernáculo. [tabernacle]

**Salvador** Alguien que salva al pueblo o que lo libera. Jesús es nuestro Salvador, quien nos liberó del pecado. [Savior]

**Santísima Trinidad** Nombre que reciben las tres personas en un solo Dios: Dios Padre, Dios Hijo y Dios Espíritu Santo. [Holy Trinity]

**Santísimo Sacramento** Uno de los nombres con los que nos referimos a la Eucaristía, al Cuerpo y la Sangre de Cristo. [Blessed Sacrament]

**santo** Lleno de la gracia de Dios. [holy]

**santo patrón** Santo protector cuyo nombre se ha dado a una persona, o un santo a quien se le ora por una razón especial. [patron saint]

**santos** Hombres y mujeres santos que viven con Dios en el cielo. [saints]

**Shabat** El Día del Señor. El séptimo día durante el cual Dios descansó después de haber creado el mundo. [Sabbath]

**Unción de los enfermos** Sacramento mediante el cual Jesús sana a los enfermos. [Anointing of the Sick]

**vestiduras** Los ropajes que viste el sacerdote o el diácono durante la misa. También se les llaman “ornamentos”. [vestments]

**Sacraments of Service** The two sacraments in which Jesus blesses people for special tasks: Holy Orders and Matrimony. [Sacramentos de servicio a la comunidad]

**saints** Holy people who live with God in heaven. [santos]

**sanctuary lamp** The lamp or candle kept lit near the tabernacle in church. [lámpara del santuario]

**Savior** Someone who saves people or sets them free. Jesus is our Savior who freed us from sin. [Salvador]

**sin** Turning away from God's love. [pecar]

**Son** The Second Person in the Holy Trinity. The Son is God. Jesus is the Son of God. [Hijo]

**stole** A strip of fabric worn over the priest's shoulders at Mass. [estola]

**Sunday** The Lord's Day. Sunday is special because Jesus rose from the dead on a Sunday. [domingo]

**tabernacle** The special cabinet that holds the consecrated Bread of the Eucharist. [sagrario]

**Ten Commandments** The laws or rules that show us how to love God and other people. [Diez Mandamientos]

**Twelve Apostles** The twelve men who were the closest followers of Jesus. [doce apóstoles]

**venial sin** A less serious sin that does not cut us off from God's life but does weaken us spiritually. [pecado venial]

**vestments** The clothes worn by a priest or deacon at Mass. [vestiduras]

# Santos

**Los santos han sido todos muy variados y diferentes. Algunos eran ricos y otros pobres; unos eran jóvenes y otros ancianos; uno estaban casados y otros no; unos vivieron vidas santas desde que eran niños y otros transformaron sus vidas de maneras milagrosas. Pero todos tenían en común su amor por Dios y por el prójimo.**

## San Juan Neumann

Se celebra el 5 de enero

San Juan se crió en Europa. Vino a los Estados Unidos cuando era joven y sólo trajo consigo un traje y un dólar. Se ordenó sacerdote y ayudó a la gente de Nueva York. En ese entonces la gente montaba a caballo. Aunque Juan no era un buen jinete, iba a caballo a enseñar a la gente y a visitar a los enfermos. Años más tarde Juan fue elegido obispo de Filadelfia. La vida de Juan no fue extraordinaria. Era un siervo humilde y tranquilo. Pero fue exactamente su humildad la que hizo que Juan fuese especial para Dios y para los demás.

**¿Cómo puedes ayudar a otras personas además de dándoles dinero?**

## Santa Catalina Drexel

Se celebra el 3 de marzo

Catalina Drexel provenía de una familia muy rica. Su madre murió cuando ella tenía sólo cinco semanas de vida. Su padre se volvió a casar. Cuando Catalina se hizo mayor cuidó de su madrastra, quien estaba muriendo de cáncer. Catalina entró en un convento y se hizo monja, dedicando su vida y los casi 20 millones de dólares de su herencia a ayudar a los nativos americanos y a los afroamericanos. Años más tarde una enfermedad hizo que no pudiese seguir trabajando, pero esto no hizo que dejara de orar.

**¿Hay alguien que pudiera beneficiarse de tus oraciones? ¿Por qué?**

# Saints

**Saints have come in all shapes, sizes, and races. They were rich and poor, young and old. Some were married, and some were not. Some of them led very holy lives from childhood. Others had their lives changed in miraculous ways. But they all had in common a love for God and their neighbor.**

## Saint John Neumann

Feast day—January 5

Saint John grew up in Europe. He moved to America as a young man with just one suit and one dollar. He was ordained a priest and helped people in New York. At the time, people rode horses. Though John was not a very good horseman, he still rode out to teach people and visit those who were sick. John became the bishop of Philadelphia when he got older. In his lifetime, John was a humble, quiet servant. But it was exactly this humility that made him special to God and the people.

**How can you help people besides by giving them money?**

## Saint Katharine Drexel

Feast day—March 3

Katharine Drexel came from a very wealthy home. Her mother died when she was five weeks old, and her father remarried. When Katharine was older, she cared for her stepmother who was dying of cancer. Katharine became a religious sister and dedicated herself and her fortune of over 20 million dollars to helping Native Americans and African Americans. Later in life, ill health kept her from working, but it never stopped her from praying.

**Is there someone who could use your prayers? Who? Why?**

## San Domingo Savio

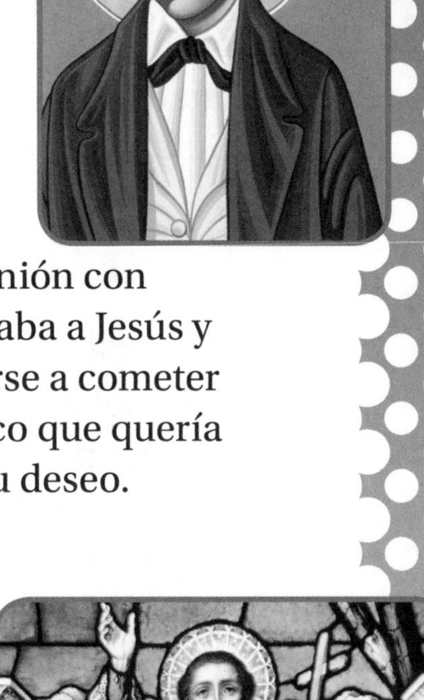


Se celebra el 9 de marzo

Santo Domingo Savio era un joven que se crió junto con sus nueve hermanos y hermanas. Tenía un amor especial a Jesús presente en la Eucaristía. Cuando sólo tenía cinco años aprendió a cómo ayudar durante la misa como monaguillo. Cuando hizo su Primera Comunión se comprometió a confesarse y recibir la Comunión con frecuencia. Prometió santificar los días de fiesta. Consideraba a Jesús y a María como sus mejores amigos y dijo que prefería morirse a cometer un pecado. Cuando tenía doce años le dijo a San Juan Bosco que quería ser sacerdote, pero su mala salud no le permitió cumplir su deseo. Domingo murió cuando tenía solo quince años.

**¿Cómo puedes demostrar tu amor por la Eucaristía?**

## San Francisco Javier

Se celebra el 3 de diciembre

Fracisco Javier nació en España. Era un gran deportista y un buen estudiante. Era inteligente y generoso. Su juventud estuvo marcada por una vida de lujos, placeres y fama. Pero al conocer a san Ignacio de Loyola se dio cuenta de que tenía que dedicar su vida a cosas más importantes. Francisco Javier se hizo sacerdote en los jesuitas, la orden religiosa que había fundado san Ignacio de Loyola. Viajó como misionero a la India y a otros países para enseñar a los niños y ayudar a los enfermos y a los pobres. A veces nos referimos a san Francisco Javier como "el Apóstol de las Indias". Todavía tenemos muchas de las cartas que escribió a sus amigos mientras estaba de misionero en diferentes países.

**¿Qué cosas te retan a ser la mejor persona que puedes ser?**

## Saint Dominic Savio

Feast day—March 9

Saint Dominic Savio was a young boy who grew up with nine brothers and sisters. He had a special love for Jesus in the Eucharist. He learned to serve at Mass when he was only five years old. When he made his first Communion, he vowed that he would go to confession and Communion often. He promised to keep holy the feast days. He thought of Jesus and Mary as his best friends and said that he would rather die than commit a sin. At age twelve, he told Saint Don Bosco that he wanted to become a priest, but poor health prevented this dream from coming true. Dominic died when he was only fifteen years old.

**How can you show your love for the Eucharist?**

## Saint Francis Xavier

Feast day—December 3

Francis was born in Spain. He was a great athlete and a good student. He was bright and generous. His early life was filled with luxury, pleasure, and fame. It was only later, after he met Saint Ignatius of Loyola, that he knew his life was meant for greater things. Francis eventually became a priest in the Jesuits, the religious order founded by Saint Ignatius. He traveled to India and other countries to teach the children and help the sick and the poor. We still have many of the letters he wrote to friends while he served in other countries. Sometimes we call Saint Francis "the Apostles to the Indies."

**What challenges you to be the best person you can be?**

## Beato Junípero Serra

Se celebra el 25 de febrero

José Miguel Serra nació en España. Siendo joven ingresó en la orden religiosa de los franciscanos. Era un muy buen predicador y, aunque su salud era delicada, pidió ser misionero. A mediados del siglo XVIII se embarcó hacia México. El viaje en barco fue muy duro. Les faltaba comida y afrontaron tormentas terribles. En México un insecto lo picó. La picadura le dañó la pierna para siempre, causándole un dolor constante. Sin embargo, no dejó nunca de hacer la obra de Dios. Viajó por la costa de California, estableciendo nueve misiones para servir a los habitantes de esa área. Amó mucho a los indios que vivían allí, y ellos lo amaban a él.

**¿Te ha dolido algo alguna vez? ¿Quién te ayudó?**

## San Pedro y San Pablo

Se celebra el 29 de junio

Estos dos santos fueron hombres a quienes Jesús les cambió la vida completamente. Los dos eran apóstoles, aunque sólo San Pedro estuvo con Jesús durante su vida aquí en la tierra. San Pedro era un hombre común, un pescador, cuando respondió a la llamada de Jesús. San Pablo era un hombre culto, cosía tiendas y era mercader. Al principio perseguía a los primeros cristianos porque pensaba que eran una amenaza contra sus creencias. Pero un día, cuando iba de camino a una ciudad llamada Damasco, Pablo se encontró con Jesús resucitado. A partir de ese momento, Pablo comenzó a predicar y a enseñar acerca del amor de Jesús. San Pedro a menudo enseñaba las comunidades cristianas de origen judío, mientras que San Pablo lo hacía a personas que no eran cristianas. Ambos hombres fueron grandes líderes, estuvieron encarcelados por predicar acerca de Jesús y murieron por su fe. San Pedro fue nuestro primer Papa.

**¿Te ha cambiado Jesús la vida? ¿Cómo?**

## Blessed Junipero Serra

Feast day—July 1

José Miguel Serra was born in Spain. He joined the Franciscan religious order as a young man. Although his health was frail, he was a good preacher and asked to be a missionary. In the mid-1700s he sailed to Mexico. It was a terrible journey. They lacked food and water and experienced frightening storms. While in Mexico, Father Serra was bitten by an insect. The bite permanently damaged his leg. Although he was in constant pain, he continued to do God's work among the people of the area. Throughout his lifetime, he traveled up the coast of California, building a total of nine missions to serve the people. He loved the Indian people and they loved him.

**Have you ever been in pain? Who helped you?**

## Saint Peter and Saint Paul

Feast day—June 29

Both of these saints were men who had their lives changed by Jesus. Both of them were apostles, but only Saint Peter was actually with Jesus during his life here on earth. Saint Peter was a fisherman when he followed Jesus' call. Saint Paul was a more educated man, a tentmaker, and a merchant. He persecuted the early Christians. He viewed them as a threat to his beliefs. Then one day, as he was traveling to a city called Damascus, Paul had a vision of the risen Jesus. From that moment on, he began to preach and teach about the love of Jesus. Saint Peter often spoke to Jewish Christians, while Saint Paul usually addressed his message to people who were not Jewish. Both men were great leaders, spent time in jail because they preached about Jesus, and died for their faith. Saint Peter was our first pope.

**Has your life been changed by Jesus? How?**

# Lugares sagrados

**Los lugares sagrados son aquellos lugares que visitas o en los que piensas para poder conocer mejor a Jesús.**

## El santuario

La palabra "santuario" significa literalmente "lugar sagrado". Cuando los católicos hablan del santuario se están refiriendo normalmente al área de la iglesia que está alrededor del altar. Hace muchos siglos esta área estaba muy separada del resto de la iglesia, en algunos lugares incluso por cortinas. Hoy en día la gente puede ver el santuario. En algunas ocasiones incluso está en la mitad de la iglesia misma. Las acciones de la misa tienen lugar en el santuario. En algunas iglesias el sagrario está en el santuario. Debemos prestar atención y mostrar respeto cuando estemos cerca del santuario o en él. No debemos ni correr, ni hablar en voz alta no jugar en el santuario. El santuario es un lugar sagrado donde Dios está presente.

**¿Cómo es el santuario de tu parroquia?**

## La catedral

La catedral es una iglesia especial. Es la iglesia oficial del obispo y la principal iglesia de la diócesis. En la catedral, como en cualquier otra parroquia, se celebran la misa y otros sacramentos. También hay otras muchas celebraciones especiales que tienen lugar en la catedral. Cada año, antes de la Pascua, el Jueves Santo, el obispo bendice y consagra los aceites o santos óleos. Después reparte los santos óleos a todas las parroquias de su área para que los usen durante los sacramentos a lo largo del año. El sacramento del Orden sacerdotal normalmente también tiene lugar en la catedral de la diócesis. Los adultos que se están preparando para hacerse católicos a veces también van a la catedral para unas celebraciones especiales.

**¿Sabes el nombre de la catedral de tu diócesis?**

# Sacred Sites

**Sacred sites are places you may visit, or think about, to help you get to know Jesus better.**

## The Sanctuary

Sanctuary is a word that actually means "holy place." When Catholics refer to the sanctuary, they usually mean the area right around the altar in a church. A long time ago, this area was very separate and could even be set apart by a curtain.

Today, the people can see the sanctuary. In some churches, it may even be right in the center. The actions of Mass take place here. In some churches, the tabernacle is located here. We must be careful to show proper respect whenever we are near or in the sanctuary. We don't run, talk loudly, or play in a sanctuary. This is a holy place where God is present.

**What does the sanctuary in your parish church look like?**

## Cathedral

A cathedral is a special church. It is the official church of the bishop and the main church for the diocese. Just like a parish church, Mass and other sacraments are celebrated here. There are also many special celebrations that take place in the cathedral. Each year before Easter, on Holy Thursday, the bishop blesses and consecrates holy oils. He then gives these to all the parishes in his area to be used for sacraments throughout the year. The sacrament of Holy Orders generally takes place in the cathedral of the diocese. Adults who are preparing to become Catholic sometimes go to the cathedral for special ceremonies.

**Do you know the name of the cathedral in your diocese?**

## La fuente de agua bendita

Ya sabes que el agua bendita es agua bendecida y que es muy especial. También es probable que al entrar a tu iglesia hayas mojado tus dedos en una de las fuentes de agua bendita y te hayan santiguado. Normalmente encontrarás las fuentes de agua bendita en las entradas de tu iglesia. ¿Sabías que también puedes colocar una fuente de agua bendita cerca de la puerta de entrada de tu casa? Cuando te santiguas con agua bendita estás acordándote de tu Bautismo. Esta es una práctica común en las iglesias, pero también puede hacer que sea una práctica en tu hogar. Algunas tiendas venden fuentes chiquitas para agua bendita. Tu párroco, el diácono o tu maestro de educación religiosa sabrá donde puedes comprar una. Puedes conseguir agua bendita de tu parroquia y de otros santuarios.

**¿Te santiguas con agua bendita?**

## Damasco

Muchas personas creen que la ciudad de Damasco es un lugar sagrado. Damasco era una ciudad importante en tiempos de Jesús. Poco tiempo después de la Resurrección de Jesús Damasco se convirtió en una de las principales ciudades del imperio romano. Esta ciudad sigue siendo especial para los católicos por su conexión con san Pablo. Cuando san Pablo era joven lo llamaban Saúl. Era un judío muy devoto. Sus creencias eran tan fuertes que pensaba que los cristianos eran un peligro y por eso los perseguía. Un día, cuando Saúl iba de camino a Damasco para arrestar a los cristianos y llevarlos de vuelta a Jerusalén, la Biblia nos dice que un rayo de luz muy fuerte resplandeció y que Saúl se cayó al suelo. Estaba ciego pero escuchó la voz de Cristo resucitado que le decía: "¿Por qué me persigues?". Cuando recobró la vista Saúl supo que su vida había cambiado. Se convirtió en misionero y en uno de los seguidores más fieles de Jesús.

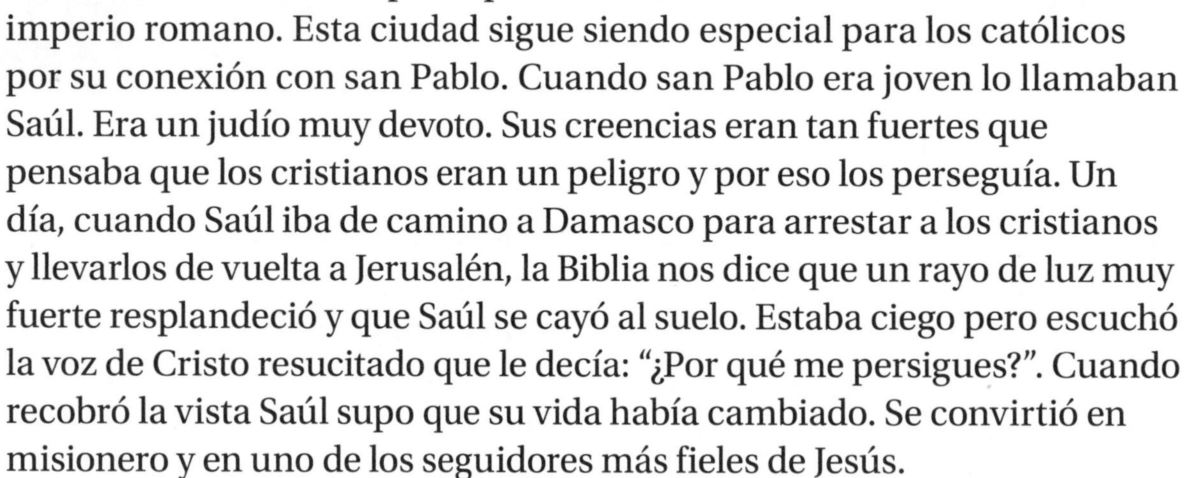

**¿Cómo saben las demás que eres un seguidor de Jesús?**

## The Holy Water Font

You already know that holy water is blessed and very special. You have probably been dipping your hand in a holy water font and making the Sign of the Cross whenever you enter your parish church. You will usually find holy water fonts near every entrance of the church. Did you know that you could also get a holy water font to put near your front door at home? Blessing yourself with holy water reminds you of your Baptism. It is common in church, but is also a good practice in your home. There are stores that sell these little fonts. Your pastor, deacon, or religious education teacher would know where you can buy a holy water font. You can get holy water from your parish and other sacred shrines.

**Do you make the Sign of the Cross with holy water?**

## Damascus

Many people think of Damascus as a holy place. When Jesus was alive, Damascus was a very busy city. Shortly after Jesus' resurrection, it even became a major city of the Roman Empire. This city is still special to Catholics because of its connection to Saint Paul. When Saint Paul was young, he went by the name Saul. He was a devout Jew. His beliefs were so strong that he felt Christians were a threat, and he persecuted them. One day, when he was going to the city of Damascus, planning to arrest some Christians and bring them back to Jerusalem, the Bible tells us that a light flashed around him and he fell to the ground. He was blinded, but he heard the voice of the risen Jesus who said, "Why do you persecute me?" When his sight returned, he knew his life was changed. He became a missionary and one of Jesus' most vocal followers.

**How do people know you are a follower of Jesus?**

# Oraciones y prácticas

**Las oraciones son formas de comunicarnos con Dios. Cuando oramos hablamos con Dios y escuchamos sus consejos. Las prácticas religiosas son movimientos y acciones que nos ayudan a orar.**

## Las oraciones del Rosario

### Señal de la cruz

En el nombre del Padre, y del Hijo,
y del Espíritu Santo. Amén.

### Padrenuestro

Padre nuestro que estás en el cielo,
santificado sea tu Nombre;
venga a nosotros tu Reino;
hágase tu voluntad en la tierra como en el cielo.
Danos hoy nuestro pan de cada día;
perdona nuestras ofensas,
como también nosotros perdonamos a los que nos ofenden;
no nos dejes caer en la tentación,
y líbranos del mal. Amén.

### Avemaría

Dios te salve, María, llena eres de gracia;
el Señor es contigo.
Bendita Tú eres entre todas las mujeres,
y bendito es el fruto de tu vientre, Jesús.
Santa María, Madre de Dios,
ruega por nosotros, pecadores,
ahora y en la hora de nuestra muerte. Amén.

### Doxología

Gloria al Padre
y al Hijo
y al Espíritu Santo.
Como era en el principio, ahora y siempre,
por los siglos de los siglos. Amén.

# Prayers & Practices

**Prayers are the ways we communicate with God. When we pray, we talk to God and we also listen for guidance. Sacred actions are motions we use to help us pray.**

## Prayers of the Rosary

### Sign of the Cross

In the name of the Father, and of the Son,
and of the Holy Spirit. Amen.

### Our Father

Our Father, who art in heaven,
hallowed be thy name;
thy kingdom come;
thy will be done on earth as it is in heaven.
Give us this day our daily bread;
and forgive us our trespasses
as we forgive those who trespass against us;
and lead us not into temptation,
but deliver us from evil. Amen.

### Hail Mary

Hail Mary, full of grace,
the Lord is with you.
Blessed are you among women,
and blessed is the fruit of your womb, Jesus.
Holy Mary, Mother of God,
pray for us sinners
now and at the hour of our death. Amen.

### Doxology

Glory to the Father,
and to the Son,
and to the Holy Spirit:
as it was in the beginning, is now,
and will be forever. Amen.

## Inclinamos nuestra cabeza cuando pronunciamos el nombre de Jesús.

Cuando nos presentan a alguna persona importante intentamos hacer algo especial para mostrar respeto hacia esa persona. Hay muchas maneras de hacerlo. A veces nos inclinamos y otras veces les damos la mano. En España, cuando las señoras saludan al Rey, doblan una rodilla un poquito y le dan la mano. Esto se llama hacer una reverencia. Nosotros también tenemos muchos gestos para mostrar nuestro respeto a Dios. Por ejemplo, cuando decimos el nombre de Jesús inclinamos un poquito la cabeza. Esta acción nos recuerda que el nombre de Jesús es santo.

**Recita el Avemaría e inclina la cabeza cuando pronuncies el nombre de Jesús.**

## Reverenciamos el altar y el sagrario.

"Reverenciar" significa mostrar un respeto especial. A menudo usamos nuestro cuerpo para honrar a Jesús y los lugares sagrados. Una manera de hacerlo es arrodillándonos con la rodilla derecha cuando nos acercamos al sagrario o tabernáculo. Cuando hacemos esto, posando sólo una rodilla en el suelo, estamos haciendo una genuflexión. También hacemos una genuflexión al entrar a la iglesia, antes de tomar asiento. Es una manera de decir "hola" a Jesús. Cuando el sacerdote entra en la iglesia, al comenzar la misa, inclina la cabeza delante del altar para mostrar un respeto especial hacia este lugar sagrado. Algunas personas que no pueden arrodillarse, por razones físicas, inclinan la cabeza.

**El próximo domingo, durante la misa, fíjate en cuantas veces el sacerdote inclina la cabeza o hace una genuflexión.**

## We bow our heads when we say the name of Jesus.

When we meet a special person, we make an extra effort to show that person respect. There are many ways we do that. Sometimes we wave, other times we bow, and still other times we shake hands. When they meet the Queen, ladies in England bend one knee slightly, which is called a curtsey. We have many body gestures that show our respect for God. For example, when we say the name of Jesus, we bow our head slightly. It reminds us that the name of Jesus is holy.

**Say the Hail Mary and bow your head when you say Jesus.**

## We reverence the altar and tabernacle.

To reverence means "to pay special respect." We often use our bodies to show honor to Jesus and places that are holy. One action is that we kneel on our right knee when we come close to the tabernacle. When we kneel like this, we say that we genuflect. We also genuflect before we take our seat in church. This is a way to say hello to Jesus when we enter. When the priest comes into church at the beginning of Mass, he bows in front of the altar to pay special honor to this sacred place. Some people who are physically unable to kneel bow instead.

**Next Sunday at Mass, notice how often the priest bows or genuflects.**

## Honramos a la Santísima Virgen María.

Nuestras madres son personas muy especiales. Jesús amaba mucho a su madre, la Virgen María. Nosotros también la amamos porque ella es la madre de Jesús y porque ella amó mucho a Dios. La Iglesia incluso la llama "Santísima Madre". Nosotros podemos pedirle a María que nos ayude, igual que pedimos a nuestras mamás que nos ayude. La Virgen María escucha nuestras oraciones y le pide a Jesús que nos ayuda.

**¿Tienes un dibujo o estatua favorita de la Virgen María?**

## Obedecemos los Diez Mandamientos

**Estas son las reglas que Dios dio a Moisés par ayudar a su pueblo a estar cerca de Dios. Nosotros las obedecemos porque amamos a Dios.**

1. Yo soy el Señor tu Dios: Amarás a Dios sobre todas las cosas.
2. No tomarás el nombre de Dios en vano.
3. Santificarás las fiestas.
4. Honrarás a tu padre y a tu madre.
5. No matarás.
6. No cometerás actos impuros.
7. No robarás.
8. No darás falso testimonio ni mentirás.
9. No consentirás pensamientos ni deseos impuros.
10. No codiciarás los bienes ajenos.

**¿Cuál mandamiento te resulta más fácil cumplir?**

## We honor the Blessed Virgin Mary.

Mothers are special people. Jesus loved his mother, Mary, very much. We love her too, because she is Jesus' mother and because she loved God so much. The Church even calls her our Blessed Mother. Just like we go to our mothers for help, we can go to Mary. She hears our prayers and asks Jesus to help us.

**Do you have a favorite picture or statue of Mary?**

## We obey the Ten Commandments.

**These are the rules God gave Moses to help the people be close to God. We obey them because we love God.**

1. I am the Lord your God: You shall not have strange gods before me.
2. You shall not take the Lord your God's name in vain.
3. Remember to keep holy the Lord's Day.
4. Honor your father and your mother.
5. You shall not kill.
6. You shall not commit adultery.
7. You shall not steal.
8. You shall not bear false witness against your neighbor.
9. You shall not covet your neighbor's wife.
10. You shall not covet anything that belongs to your neighbor.

**What commandment is the hardest for you to obey?**

# Usamos diferentes colores para marcar los tiempos del año litúrgico de la Iglesia.

Los colores son muy importantes en nuestra vida. Lo más seguro es que tengas un color preferido. Pero, ¿sabías que los colores tienen un significado más profundo? El blanco es un símbolo de la pureza y de la honestidad en la vida. El rojo es el color de la sangre y del fuego. La Iglesia use el color rojo para celebrar la vida de las personas que murieron por su fe, para celebrar el día de Pentecostés y durante ocasiones especiales de la Semana Santa. El verde representa el crecer y la vida. Se usa durante la mayoría del año litúrgico de la Iglesia, el periodo llamado Tiempo Ordinario. El morado representa la penitencia y la realeza. La Iglesia usa el morado durante el Adviento y la Cuaresma.

**¿Cuál es tu color favorito que se usa durante la misa?**

## We use different colors to mark the seasons of the Church year.

Colors are very important in our lives. You probably have a favorite color, but did you know that colors can stand for something deeper? The color white is a symbol of purity and honesty in life. The color red is the color of blood and fire. The Church uses it to celebrate the lives of people who died for their faith, for the feast of Pentecost, and at special times during Holy Week. Green is the color of growth and life. It is worn for most of the liturgical year, which is known as Ordinary Time. Purple is a color for penance and royalty. It is used by the Church during Advent and Lent.

**What is your favorite color worn at Mass?**

# Créditos artísticos/Art credits

Donde hay más de una ilustración en una página, el reconocimiento se hace según la siguiente secuencia: de izquierda a derecha y de arriba abajo. La posición de la ilustración en la página se ha abreviado, siguiendo el inglés, de la siguiente manera: **(t)** arriba, **(c)** centro, **(b)** abajo, **(l)** izquierda y **(r)** derecha.

*Las fotos e ilustraciones que no se reconocen aquí son propiedad de Loyola Press o proceden de fuentes libres de regalías tales como, pero sin estar limitadas a, Alamy, Art Resource, Big Stock, Bridgeman, Corbis/Veer, Dreamstime, Fotosearch, Getty Images, Northwind Images, Photoedit, Smithsonian y Wikipedia. Loyola Press ha realizado todos los esfuerzos posibles por localizar a los propietarios de los derechos de autor de las obras utilizadas en esta publicación a fin de hacer un reconocimiento pleno de la autoría de su trabajo. En caso de alguna omisión, Loyola Press se complacerá en reconocerlos en futuras ediciones.*

When there is more than one picture on a page, credits are supplied in sequence, left to right, top to bottom. Page positions are abbreviated as follows: **(t)** top, **(c)** center, **(b)** bottom, **(l)** left, **(r)** right.

*Photos and illustrations not acknowledged are either owned by Loyola Press or from royalty-free sources including but not limited to Alamy, Art Resource, Big Stock, Bridgeman, Corbis/Veer, Dreamstime, Fotosearch, Getty Images, Northwind Images, Photoedit, Smithsonian, Wikipedia. Loyola Press has made every effort to locate the copyright holders for the cited works used in this publication and to make full acknowledgment for their use. In the case of any omissions, the Publisher will be pleased to make suitable acknowledgments in future editions.*

**Sección Uno/Section One**
**1(tl)** iStockphoto.com/bns124
**1(tr)** iStockphoto.com/keeweeboy
**3** Jupiter Images
**5(r)** iStockphoto.com/princessdlaf
**6(l)** iStockphoto.com/Irma Y Burns
**6(r)** Jupiter Images
**8** iStockphoto.com/nojustice
**8** Jupiter Images
**9** The Crosiers/Gene Plaisted OSC
**9** The Crosiers/Gene Plaisted OSC
**9** The Crosiers/Gene Plaisted OSC
**10(r)** The Crosiers/Gene Plaisted OSC
**13(r)** Jupiter Images
**14(l)** Jupiter Images
**15(r)** The Crosiers/Gene Plaisted OSC
**18(l)** The Crosiers/Gene Plaisted OSC
**16(l)** iStockphoto.com/cobalt
**16** Jupiter Images
**16(r)** Jupiter Images
**18(r)** The Crosiers/Gene Plaisted OSC
**20** Jupiter Images
**21(l)** iStockphoto.com/Takus
**21(r)** iStockphoto.com/Matejay
**23(l)** Myrleen Ferguson Cate/Photo Edit

**Sección Dos/Section Two**
**27(r)** iStockphoto.com/Kouptsova
**27(c)** Myrleen Ferguson Cate/Photo Edit
**28** The Crosiers/Gene Plaisted OSC
**28** The Crosiers/Gene Plaisted OSC
**28** The Crosiers/Gene Plaisted OSC
**28** The Crosiers/Gene Plaisted OSC
**28** The Crosiers/Gene Plaisted OSC
**28** The Crosiers/Gene Plaisted OSC
**28** The Crosiers/Gene Plaisted OSC
**29(c)** iStockphoto.com/iburns
**30(r)** The Crosiers/Gene Plaisted OSC
**38(r)** Thomas Aleto
**40(l)** The Crosiers/Gene Plaisted OSC
**41(r)** The Crosiers/Gene Plaisted OSC

**Sección Tres/Section Three**
**43(tl)** Jupiter Images
**44** Jupiter Images
**44(r)** iStockphoto.com/MinnieMenon
**50(l)** Jupiter Images
**51(r)** iStockphoto.com/monkeybusinessimages
**52(r)** iStockphoto.com/JBryson

**Sección Cuatro/Section Four**
**55(c)** Jupiter Images
**58(l)** The Crosiers/Gene Plaisted OSC
**60(l)** iStockphoto.com/aldomurillo
**61(r)** The Crosiers/Gene Plaisted OSC
**62** Jupiter Images

**Glosario/Glossary**
**66(r)** Jupiter Images
**66(l)** The Crosiers/Gene Plaisted OSC
**72(t)** iStockphoto.com/compassandcamera
**67(r)** The Crosiers/Gene Plaisted OSC
**68(l)** The Crosiers/Gene Plaisted OSC
**68(r)** The Crosiers/Gene Plaisted OSC

**Santos/Saints**
**70(t)** The Crosiers/Gene Plaisted OSC
**70(b)** The Crosiers/Gene Plaisted OSC
**71(b)** The Crosiers/Gene Plaisted OSC
**72(b)** The Crosiers/Gene Plaisted OSC

**Lugares sagrados/Sacred Sites**
**74(t)** iStockphoto.com/LordRunar
**74(b)** Jupiter Images

**Oraciones y prácticas/Prayers & Practices**
**76(t)** iStockphoto.com/shazie28
**76(b)** iStockphoto.com/9inchnail
**77(b)** The Crosiers/Gene Plaisted OSC